新しい支援と

奥田知志・原田正樹〔編〕

Okuda Tomoshi+Harada Masaki

伴走型支援

ばんそうがたしえん

有斐閣

はじめに

　2013 年 7 月，生活困窮者支援を担う人材のあり方について，厚生労働省内で本格的な検討が始まりました。このときの検討会で奥田知志氏と議論をしたのが，伴走型支援との最初の出会いでした。当時，奥田氏はご自身のホームレス支援を踏まえて，制度外福祉と制度内福祉の違いから，制度内福祉の支援は，本当の支援になっているのかと厳しく追及されていました。それは単に制度化されているか否かの違いではなく，それぞれの支援の哲学の違いでした。

　ただ当時の私は，そのことがよくわからずにいたのも事実です。「断らない支援」といわれても，支援者は「イエスマン」になっていいのか。「伴走する支援」といわれても，寄り添うだけでは問題の先送りで，何も解決しないのではないか。「助けてと言える社会」といわれても，そもそも「助けてと言えない人」はどうするのか。人生の最後まで「つながり続けること」といわれても，それは牧師である奥田氏にしかできないのではないか。

　そんな素朴な疑問を奥田氏に投げかけると，彼はいつもその本質を深い言葉で答えてくれました。その深さは，奥田氏自身が悩みながら，葛藤しながら，紡ぎ出してきた言葉です。こうした奥田氏とのやり取りを通して，「伴走型支援」の原論的なものが見えてきました。

　次に浮かんだ疑問は，こうした考え方は，ホームレス支援をしてきた「業界」だけのものなのか，生活のしづらさを抱えた人たちを支援している人たちに共通するものなのか，ということでした。その後も，生活困窮者支援に関わるさまざまな人たちと話をする機会に恵まれました。その中で，それぞれ表現は違えども「伴走する」という価値を大切にしていることがわかりました。それは同時に，優れた支援者に共通しているのは課題解決型の支援の「限界」を，自ら体験しているということでした。そこに共通するのは，社会的に孤立した状態にある人たちへの支援と排除する地域への働きかけです。それは制度によるサービスを当てはめるだけでは解決しません。その人自身の存在を丸ごと受け入れながら，一度，断ち切れた社会や人への信頼を紡ぎなおす過程です。同時にそれは本人や家族だけの支援ではなく，彼らを孤立させた地域を変えてい

くことをめざしていました。問題は簡単には解決しないのです。奥田氏と同様に，本書の執筆者は，こうした実践の中から紡ぎ出されたメッセージを丁寧に綴ってくれました。

　今回，この本を編纂したいと思ったのは，「伴走型支援」という言葉だけが独り歩きし，矮小化されてはいけないと思ったことが1つあります。「地域共生社会に向けた包括的支援と多様な参加・協働の推進に関する検討会」（地域共生社会推進検討会）の最終とりまとめ（2019年）において，「伴走型支援」が取り上げられました。また昨今では，政府としても深刻化する社会的な孤独・孤立の対策が進められようとしています。こうした背景の中で，「伴走型支援」という本質や意義を問い，社会への問題提起として発信する必要があると思ったからです。

　本書では「伴走型支援」の全体像を描くために，第Ⅰ部では，基本的な概念とこのことが求められてきた社会的背景について論じました。第Ⅱ部では，現場の実践家により展開されている「伴走型支援」の現実や課題，必要性について提起しました。第Ⅲ部では，「伴走型支援」の有する価値や可能性，これからの支援のあり方，社会のあり方にまで広げて論及しました。

　「伴走型支援」が万能だということではありません。しかし支援者や社会が「伴走型支援」を意識すること，試みていくことで，支援の関係性，社会の構造を変えていくことができるかもしれません。

　「伴走型支援」については，学術的にも定まった概念や方法論が確立されてはいません。新しい支援論の1つとして，理念や方法，仕組みを構築していく過程にあります。本書でもあえて用い方を統一していません。共通する視点を確認しながら，むしろ執筆者によって違う力点を感じてほしいと思います。それは支援者の援助観や哲学，そして実践を通して形づくられてきたものです。そこで本書では，各章の扉で各自のプロフィールをお伝えすることにしました。

　出版事情が厳しい中，本書の意義をご理解いただき，こうして出版できたのは有斐閣のおかげです。記して感謝を申し上げます。

　　　2021年7月

　　　　　　　　　　　　　　　　　　編者を代表して　原田　正樹

執筆者紹介 <small>(執筆順，＊は編者)</small>

＊奥田 知志 (おくだ　ともし)　　　　　　　　　第1章，終章
NPO法人抱樸理事長，東八幡キリスト教会牧師

稲月 正 (いなづき　ただし)　　　　　　　　　　第2章
北九州市立大学基盤教育センター／地域創生学群教授

藤森 克彦 (ふじもり　かつひこ)　　　　　　　　第3章
日本福祉大学福祉経営学部教授

勝部 麗子 (かつべ　れいこ)　　　　　　　　　　第4章
社会福祉法人豊中市社会福祉協議会事務局長（コミュニティソーシャルワーカー）

谷口 仁史 (たにぐち　ひとし)　　　　　　　　　第5章
認定NPO法人スチューデント・サポート・フェイス代表理事

大原 裕介 (おおはら　ゆうすけ)　　　　　　　　第6章
社会福祉法人ゆうゆう理事長

＊原田 正樹 (はらだ　まさき)　　　　　　　　　第7章
日本福祉大学学長

向谷地 生良 (むかいやち　いくよし)　　　　　　第8章
北海道医療大学大学院看護福祉研究科特任教授／浦河べてるの家理事長

野澤 和弘 (のざわ　かずひろ)　　　　　　　　　第9章
植草学園大学副学長／一般社団法人スローコミュニケーション代表

村木 厚子 (むらき　あつこ)　　　　　　　　　　第10章
全国社会福祉協議会会長

目　次

第Ⅰ部　伴走型支援を考える

第1章　伴走型支援の理念と価値 ——————————— 奥田　知志　3
1　伴走への気づき …………………………………………………… 4
2　経済的困窮と社会的孤立 ——ハウスとホームは違う …………… 6
3　伴走型支援とは何か ——つながることの創造性 ………………… 9
　「つながり続ける」こと　　なぜ，社会的孤立が問題か　　伴走
　型支援の価値観　　つながりの本質　　機能としての2つの支援
　本人主体　　専門職の役割　　家族機能の社会化　　人生という
　時間軸
　伴走型支援のイメージ図　17

第2章　なぜ伴走型支援が求められているのか —— 稲月　正　19
　はじめに
1　生活困窮とは ……………………………………………………… 20
　経済的困窮，社会的孤立，心身の健康や意欲の喪失　　基準は
　「普通の生活」を送ることができるかどうか　　生活困窮状態は
　社会的排除によって生じる
2　生活困窮の広がりと重なり ……………………………………… 22
　生活困窮の広がり　　経済的困窮と社会的孤立の重なり　　制度
　の隙間
3　社会的な支援の必要性 …………………………………………… 28
　活力ある社会の維持のためにも社会的な支援は必要　　社会的な
　支援の2つの柱——社会保障制度の拡充と地域での「つなぎ・つ
　ながり」　　伴走型支援の可能性　　おわりに

第3章　単身化する社会と社会的孤立に対する伴走型支援
　————————————————————————————— 藤森　克彦　35
　はじめに
1　単身世帯の増加の実態とその要因 ……………………………… 36
　単身世帯の定義　　単身世帯の増加の実態とその要因　　今後の
　単身世帯の増加　　未婚の単身高齢者の増加

2　単身者の社会的孤立の実態 ……………………………………… 41

3　社会的孤立は問題なのか ………………………………………… 43

　　日常的なサポートの欠如　　生きる意欲や自己肯定感の低下

　　経済的困窮との関連

4　社会的孤立に対する伴走型支援の意義 ………………………… 46

　　伴走型支援の特徴　　社会的孤立に対する伴走型支援の意義

5　おわりに ………………………………………………………… 51

第Ⅱ部　人と地域に伴走する支援

第4章　伴走型支援と地域づくり ──────── 勝部 麗子　55
── 住民とともにつくる伴走型支援

1　コミュニティソーシャルワーカー事業で見えてきた

　　社会的孤立 ……………………………………………………… 56

　　はじめに　　人間関係の貧困＝社会的孤立

2　そもそもSOSを出せない人たちとどうつながるのか ………… 57

3　地域住民とともにつくる伴走型支援 …………………………… 58

　　──個を支えることと地域づくりを一体的に

　　アルコール依存　　ゴミ屋敷　　8050問題　　ひきこもり支

　　援──スカウトするアウトリーチ　　ホームレス支援

4　専門職としての伴走型支援と地域づくりの役割 ……………… 65

　　1人も取りこぼさないという視点　　排除ではなく包摂の視点

　　アウトリーチ　　「困った人」は困った問題を抱えている　　本

　　人を支える人を増やす　　伴走型支援を通じて仕組みづくりを行

　　う　　つなぐだけでは変われない　　いつでも相談できる人がい

　　る　　支えられていた人は支える人に

5　おわりに──伴走型支援を通じた地域づくりとは ………………… 68

第5章　アウトリーチと伴走型支援 ──────── 谷口 仁史　71

1　深刻化する社会的孤立と伴走型支援における

　　アウトリーチの必要性 ………………………………………… 72

　　子ども・若者領域においても裾野が広がり続ける「社会的孤立」

　　アウトリーチ（訪問支援）を基軸としたNPO法人設立の経緯

　　「声なきSOS」を受け止める「伴走型支援」における「アウトリ

ーチ」の必要性

  2 「伴走型支援」を前提としたアウトリーチのあり方 ……………… 75
     アウトリーチの成否の鍵を握る「事前準備」　アウトリーチに
     おける事前準備「3段階のプロセス」　関係性の変化に着眼した
     支援段階の移行

  3 社会参加まで責任をもって見届ける伴走型支援の実際 ……… 80
     「ストレス耐性」に着眼した支援過程の段階的な移行　不遇な
     経験によって生じる不合理な「思考（認知）」の修正　「環境」
     への働きかけを含む多面的援助アプローチ

  4 佐賀県におけるNPOの「協働型」「創造型」支援実践の「現在地」
    ……………………………………………………………………… 87
     多様な「つながり」の中での支援実践によって育まれた社会的信
     頼　アウトリーチを基軸にワンストップ化を推進している佐賀
     県の取組み　深刻化・複合化した課題を抱える子ども・若者の
     孤立の実態　「ひきこもり」問題から見えた「従来型」の公的
     支援の限界　従来型の公的支援の限界を突破するための組織内
     での対策　「どんな境遇の子どもも見捨てない！」限界を補う
     ネットワークづくり

  5 アウトリーチと伴走型支援がもつポテンシャル ……………… 92

第6章　越境する伴走型支援 ─────── 大原　裕介 95
  1 「私で」ではなく「私たち」でおりなす ……………………… 96
     ある男の子との出会い　彼との出会いから考える伴走型支援
     タスキをどのようにつないでいくか　伴走する人を伴走する

  2 対話と共感 ……………………………………………………… 100
     その人を知るために対話をする　多様なアプローチから対話が
     生まれる

  3 福祉を福祉で完結しない ………………………………………… 101
     夕張で始めた配食サービス　本格的なもので勝負する──他領
     域の人が福祉やケアの魅力に気づく　できないことではなくで
     きることに目を向ける

  4 「1人の想い」を文化にする …………………………………… 105
     「1人のニーズからしか生まれない」　1人を大切にするために
     1日を大切にする　制度を道具として使う　寄り添い，身近
     にある福祉　次世代にタスキをつないでいく

第7章　日本における伴走型支援の展開 ───────── 原田　正樹　111

　1　伴走型支援の生成 ……………………………………………… 112
　　　日本における伴走型支援の原形　　社会的孤立に向けたアプロー
　　　チ

　2　伴走型支援とソーシャルワーク ……………………………… 117
　　　伴走型支援とジェネラリスト・ソーシャルワーク　　伴走型支援
　　　のめざす相互実現的自立

　3　伴走型支援の展開 ……………………………………………… 122
　　　伴走型支援の関係構造のフェーズ　　伴走型支援を定着させてい
　　　くために　　伴走型支援がつくる社会のカタチ

第Ⅲ部　新しい社会を構想する

第8章　伴走型支援と当事者研究 ───────── 向谷地　生良　131
　　　はじめに
　1　いつでも，どこでも，いつまでも ……………………………… 133
　2　「問題な人」から「経験専門家」へ …………………………… 136
　3　当事者研究の誕生 ……………………………………………… 139
　4　当事者研究の理念と展開 ……………………………………… 141
　　　当事者研究とは　　当事者研究と３つの壁　　当事者研究とユー
　　　モア　　当事者研究における「生きづらさ」の理解　　当事者研
　　　究の理念　　当事者研究の研究テーマ　　「自分の研究者」「自分
　　　の専門家」になる──研究の進め方
　5　「伴走型支援」と当事者研究 ………………………………… 152

第9章　伴走型支援は本当に有効か ───────── 野澤　和弘　155
　1　「自立」の意味を問い直す …………………………………… 156
　　　ALS 嘱託殺人の衝撃　　多額の費用がかかる現実　　社会保障の
　　　落とし穴

　2　新しい時代の社会保障 ………………………………………… 161
　　　命は誰のものか　　ただ一緒にいる（being）ということ

　3　本人中心の福祉を ……………………………………………… 164
　　　伴走型が有効であるために　　意思決定支援

第10章　伴走型支援がつくる未来 ──────── 村木 厚子　171

  1　伴走型支援の意味するところ ……………………………… 172

     「伴走型支援」からイメージするもの　　「プロの支援」とは何か
     自立とは何か

  2　困難な状況の中で必要なものは何か ……………………… 175

     必要な2つの支え　　支える側に回ることの大切さ

  3　地域の資源をどうつくるか，どう生かすか ……………… 178

     制度はどこまできたか　　ゼロを1にする努力を続ける　　担い
     手を創る　　「異なるもの」とのつながりが面白い　　社会の仕
     組みそのものを変える　　まとめにかえて

終　章　あらためて伴走型支援とは何か ───────── 奥田 知志　187
     ── 物語の支援

  1　伴走の成果 ── 物語の創造 ……………………………… 188
  2　「エサ」と「弁当」── 人が物を物語に変える ……………… 189
  3　支援の両輪 ── 断らないために ………………………… 191
  4　おわりに ──「何もできなかった」は，本当か？ …………… 192

    索　引　　　　　　　　195

＊本書では執筆者のメッセージを伝えやすくするために，引用文献をつくらず，本文中に参考
文献を示す形式にしました。ただし章の内容によってはこの限りではありません。

第 I 部

伴走型支援を考える

第1章

伴走型支援の理念と価値

奥田 知志

Profile ————————

　NPO 法人抱樸理事長，東八幡キリスト教会牧師。1990 年，東八幡キリスト教会牧師として赴任。同時に，学生時代から始めた「ホームレス支援」に北九州でも参加。事務局長等を経て，北九州ホームレス支援機構（現・抱樸）の理事長に就任。これまでに 3600 人（2021 年 3 月現在）以上のホームレスの人々の自立を支援。その他，生活困窮者自立支援全国ネットワーク共同代表，共生地域創造財団代表理事，全国居住支援法人協議会共同代表，国の審議会等の役職も歴任。著書に『「助けて」と言える国へ──人と社会をつなぐ』（共著）集英社新書，2013 年，『生活困窮者への伴走型支援──経済的困窮と社会的孤立に対応するトータルサポート』（共著）明石書店，2014 年，『いつか笑える日が来る──我，汝らを孤児とはせず』いのちのことば社，2019 年，『「逃げ遅れた」伴走者──分断された社会で人とつながる』本の種出版，2020 年など。

1 伴走への気づき

　私が「伴走型支援」を強く意識し始めたのは，2000年5月の「西鉄バスジャック事件」がきっかけでした。1988年12月から始まった北九州におけるホームレス支援は，そのときすでに12年目に入っていました。訪ね出会うことから始まり，相談，そして自立。多くの人々が新しい人生を切り拓いていかれます。

　ですが一方で10年間以上，弁当を渡し声をかけ続けているにもかかわらず，一歩が踏み出せないでいる人がおられました。「すぐには，問題解決できない」という現実に，私たちは「焦り」を感じていました。スタッフからは「これ以上お弁当を渡す意味はあるのか」という声も聞かれるようになり，支援の意味が問われていました。「自立に向かう良いホームレス」と「立ち上がろうとしない悪いホームレス」という分断が支援者の中にさえ生じ始めたそのとき，あの事件が起きたのです。

　17歳の男子高校生が長距離バスを乗っ取り1人を殺害，2人に重傷を負わせたこの事件は，社会に大きな衝撃を与えました。彼は中学時代にいじめに遭い，不登校となります。高校に進学するも，通学は難しい。密かに「母校」の襲撃を計画します。実行直前に両親が気づき，国立の精神科病院に入院することになりました。

　5月の大型連休に，外泊許可を得て自宅に戻った彼は，バスジャックを決行しました。結果，死亡者1名，負傷者2名を出すことになりました。

　母親が入院を手配してくれた大学教授に宛てた手紙が，事件後，新聞に公開されました。手紙を読んだ日の衝撃は今も忘れられません。

　　いじめが原因で中学3年の夏頃より荒れ始め，まるっきり違う人格のようになり家庭内暴力になって何か違う方向へ行く危険性もあり不安でした。親が気づいても，病院の受診がない，診療したことがないからと断られる。医師，児童相談所，教育センター，教育相談所などいろいろ回りましたが，動いてくださる先生は1人もいらっしゃらない。入院して20日余り，ま

じめでお利口さんを装っているとのこと。何を考えているのか，大きな不安に包まれています。入院当日，覚えていろよ，ただではおかないからなという言葉が忘れられません。心が開かれていない状態で退院となれば，今まで以上に暴力がひどくなるのではと不安です。心の闇がもっと広がるような気もします。このまま自分を閉じ込めた闇の中で一生終わってほしくはありません。しかし，一筋縄ではいかない強さももっていて，繊細で，敏感で，私たちの行動を見抜いて動いているようなところもあります。入院先の先生にお任せするしかありませんが，退院後の不安が強すぎて力がわいてこないのです。

　実は，私も不登校の子どもの親でした。ですからこの母親の言葉に，今も胸が痛みます。「今まで以上に暴力がひどくなるのでは」との母親の心配は現実のものとなりました。
　手紙の中で私がもっとも注目したのは，「親が気づいても，病院の受診がない，診療したことがないからと断られる。医師，児童相談所，教育センター，教育相談所などいろいろ回りましたが，動いてくださる先生は1人もいらっしゃらない」の部分でした。かつての「いろいろ回っていた」自分を思い出します。一方で，この言葉に違和感も抱きました。
　とくに「動いてくださる先生は1人もいらっしゃらない」の部分です。不登校児の親であった私が求めていたものとは違うと感じたからです。私が当時求めていたのは，「動いてくださる先生」ではありませんでした。「治してくださる」あるいは「問題を解決してくださる先生」でした。腕のいいカウンセラーはいないか？　精神科医は？　特効薬は？　と，私たち親子は彷徨っていたのでした。それは親である私の正直な気持ちだったと思います。
　ですが，この母親は「動いてくださる先生」と書いた。なぜなのか。数年間に及ぶ息子との葛藤の中で母親は気づいていたのだと思います。「一筋縄ではいかない」ことを。だから彼女は，「動いてくださる先生」を求めた。本音は「治してくれる先生」だったと思います。しかし，それは，にわかには見つからない。だったら「とにもかくにも一緒に右往左往してくれる人」「一緒に喜び，一緒に泣き，一緒に悔しがってくれる人」が彼女は必要だと感じていたのです。

「問題解決」をあきらめていたとは思えません。それが容易ではないことを彼女は知っていたのです。だから彼女は「伴走者」を求めたのだと私は考えました。実際にこのお母さんとお会いしたことはありませんから，どんな思いであの手紙を書かれたのかはわかりません。でも「一筋縄ではいかない」不登校の息子とやはり「一筋縄ではいかない」路上の人々と向き合っていた当時の私に，あの言葉は強烈に迫ってきたのでした。

「動いてくれる」——それならば私にもできる。実に単純にあの手紙に応えようと思いました。もしあの言葉が「治してくれる先生」や「問題解決をしてくれる専門家」だったなら，私は「断る理由」をもてたと思います。なぜなら私は「専門家」ではないからです。しかし，「動いてくれる人」と言われたら，もはや断る理由はありません。「一緒にいる」「つながる」，それで支援になるのなら，もはや「断る」ことはできないと考えたのでした。さらに「誰でも支援者になれる」という漠とした希望を私は得たと思いました。伴走型支援のイメージが明確になったときでした。

私たちは，常に「断る理由」を考えてきたと思います。自業自得と言い切る「自己責任論」はその最たるものといえます。そこまでの冷たさはなくても「相談を引き受けたら問題を解決しなければならない」というプレッシャーが，足をすくませていたのも事実だと思います。しかし，「一緒にいること」「つながること」が助けとなるのなら，私たちにできることはまだまだある。早々に「問題解決」とならなくても「やれること」はある。母親の手紙は，私にそのことを教えてくれたのです。

2　経済的困窮と社会的孤立
—— ハウスとホームは違う

NPO法人抱樸の活動は，炊き出しから始まりました。33年後の現在も続く基本活動です。始めるにあたり私たちは「なぜ炊き出しをするのか」を議論しました。食べることもままならない路上の人々に食料を配る。「いのちを守るため」。答えは単純でした。多くの人はそう考えると思います。しかし週に一度，

弁当を配って「いのちを守る」は正直言い過ぎだと思います。もし，その理由なら毎日活動すべきです。

　議論の末，1つの結論にたどり着きました。「友だちの家を訪ねるとき，手土産ぐらい持っていくだろう」。それが炊き出しを行う理由でした。「食の提供」以上に「つながりを創ること」「友だちになること」が重要だと考えたのです。これは子ども食堂も同じだと思います。「いのちを守る」と同時に「ここには信頼できる大人がいる。いざというときにはここにおいで」という「つながり」を提供しているのだと思います。

　とはいえ「つながり」だけでは問題解決は難しいのも事実です。それで，活動開始3年目。路上生活者の「困窮」を「家がないこと」と「仕事（お金）がないこと」だと捉えていた私たちは，居住支援と就労支援を始めました。

　最初にアパートに入居されたのは70代の男性で，高齢でもあり生活保護を受給することができました。私たちは「問題解決，支援終了」と，次の方の支援へと進んでいきました。

　ところが数カ月後，「部屋から異臭がする」との連絡が入ります。慌てて訪ねると，ライフラインはすでに止まっており，部屋はゴミ屋敷状態。「亡くなっているかもしれない」と最悪の事態を想定しつつ部屋に入ります。ゴミの中で横たわるその人を発見。声をかけると彼は何事もなかったように起き上がりました。「生きてた」と安堵しつつも「なぜ，こんなことになったのか。自立支援はうまくいったはずだ」と自問していました。

　そこには2つの要因があると私たちは考えました。1つは「個人的要因」です。彼には何らかの障害があったか，あるいは生活自立の経験がなかったということです。現在の抱樸ならば，アセスメントにおいてそれらの課題を見出せたと思います。しかし30年前，力量不足は否めません。

　もう1つの要因は「社会的要因」です。つまり，入居後，誰も訪ねていかなかったということです。彼は，社会との「つながり」をもてずにいたのです。つまり，自立が孤立に終わっていたのでした。

　私たちは，とくに「社会的要因」の重要性に着目しました。「つながり」の必要性が明確に示されている事象だと考えたのです。「つながり」こそが，私たちに「意欲」や「行動の動機」を与えます。それが欠落し，ゴミ屋敷になった。

つまり，私たちはいつ掃除をするのか，あるいはなぜ掃除をするのかということです。「衛生上の理由」といいたいですが，実はそれだけではありません。私のような「怠け者」の場合はとくにそうです。私は，誰かが訪ねてくれるとわかったとき，まじめに掃除をします。さすがに「恥ずかしい」という気持ち，あるいは「訪ねてくれる友人に対する心遣い」が働くからです。いずれにしても「他者の存在」が私に行動の動機を与えるのです。「自分のため」のみならず，「誰かのため」に掃除をするということです。長年野宿生活を続けてこられたこの方にとっては，ゴミの中で寝るほうが「日常だった」といえます。しかし，この日常に変化をもたらすものは何か。それが「他者との出会い」であり「つながり」なのだと考えました。

　「人は何のために働くのか」。一般的には「食べるため」「お金のため」といいます。これは自分自身の必要性，つまり「内発的な動機」による行為です。当事者の主体性を考えるとき，これは何よりも重要です。しかし，本人が「どうでもいい」と思った時点でそれは終わってしまいます。私は，「諦念」の中にたたずむ路上の人を大勢見てきました。そういう人がもう一度立ち上がるためには，居住や就労の支援に加え「私はあなたを応援している。一緒に頑張ろう」と呼びかける他者の存在が必要だったのです。「誰のために働くか」という問いとその答えをもつこと。「あの人が応援してくれるから」「愛する人のためだから」，これら「外発的な動機」をもつ人は踏ん張ることができます。

　路上では「畳の上で死にたい」と言っていた方がアパートに入居されます。でも「これで安心」とはなりません。「俺の最期は誰が看取ってくれるだろうか」。それが残された課題でした。就職も決まり，生活も落ち着いた。その姿は隔世の感さえあります。しかし，部屋の中にポツンと独りたたずむ姿は，路上のあの日と何も変わらない。何が解決して，何が解決していないか。私たちは問われていました。

　「問題解決型支援」の場合，「問題が解決した時点」で支援は終了します。しかし，解決していないもう1つの現実がある。「誰が……」の問いに答えがないということです。つまり「自立が孤立に終わる」ことが問題でした。自立しても最悪「孤立死」が待っている。それが「困窮孤立状態」にある人が抱える危機でした。私たちは，具体的な問題解決のために「この人には何が必要か」

を模索しつつ，同時に「この人には誰が必要か」を考え続けました。「何が」と「誰が」を同時に解決する仕組みが必要だったのです。

　私たちは，「経済的困窮」を「ハウスレス」と呼び，「社会的孤立」を「ホームレス」と呼ぶようにしました。ハウスとホームは違うのです。これが抱樸の活動すべてに共通する認識であり，伴走型支援の基本的視点です。

　この視点に気づかせてくれたのはホームレス当事者でした。その方は，日々中学生から襲撃を受けていました。彼は「何とかしてほしい」と訴えつつも次のように語られたのです。「真夜中にホームレスを襲いに来る中学生は，家があっても帰るところがないんじゃないか。親はいても誰からも心配されていないんじゃないか。俺はホームレスだからその気持ちはわかるけどな」と。中学生は家に住んでいるのだから「ハウスレス」ではありません。しかし「帰るところがない」「心配してくれる人がいない」のなら「ホームレスだ」と彼は言ったのです。

　この襲撃事件から30年が過ぎました。残念ながら「社会が路上に追いついた」というのが私の実感です。格差や貧困が常態化し，同時に社会的孤立が広がりました。支援活動も拡充し野宿者数は減少していますが，「ホームレス（社会的孤立者）」は増えていると思います。そんな時代の変遷の中で生まれたのが伴走型支援でした。

3　伴走型支援とは何か ── つながることの創造性

　私たちは，そんな社会の必然の中で「つながること」に注目してきました。そして，そのことに重点を置く「伴走型支援」の必要性を訴えてきました。NPO法人ホームレス支援全国ネットワークでは，2010年度から「伴走型支援士養成講座」を開催し，これまでに1000人を超える人が認定を受けられました。2021年度からは，「一般社団法人日本伴走型支援協会」が活動をはじめ「伴走型支援」の普及を推進します。

　以下に，伴走型支援とは何かについて，問題解決型支援との関係も含め，私の理解を紹介したいと思います。

「つながり続ける」こと

伴走型支援は，深刻化する「社会的孤立」に対応するために「つながり続けること」を目的とした支援として生まれました。ですから必ずしも「問題解決」を前提としていません。「問題を抱えながらもどっこい生きている」，そのため必要なこととして「つながる－ひとりにしない」ことに着目したのです。伴走型支援は孤立状態にある個人に対する支援（対個人）であるとともに，「人を孤立させない地域社会の創造」（対社会）をめざす「社会活動」でもあります。

なぜ，社会的孤立が問題か

なぜ「社会的孤立」が問題なのでしょうか。3つの危機を考えます。

第1に「自分自身からの疎外」という危機です。人はどうやって自分の状態を知るのか。自己探求も重要ですが，実は私たちは他者との出会いを通して自分を認知します。「他人は自分を映す鏡」といいますが，まさに他者を介して自分の状態が把握できるのです。

しかし，他者性を喪失するとき，私たちは自分の状態が認識できず，自分の存在意義も見失うことになります。これは「自己認知不全」というべき事態です。リーマンショックの後，路上に独りたたずむ青年たちの多くは「助けて」と言いませんでした。それは徹底した自己責任社会の中で育った結果でもありますが，同時に自分の状態がうまく把握できていなかった事実も示していました。彼らの横に座り込み，話を聴き，そして話す。そうしているうちにふと我に返ったように「僕は大丈夫でしょうか。何とかなりませんか」と言い出します。彼らは，自分が今どれだけ危機的であるかが認識できていないのです。でも，他者との対話の中で自分を見出すことができると，危機感が湧き，対処を考え始める。そんなことが何度も起こりました。

第2に，「生きる意欲・働く意欲の低下」という危機です。「何のために働くのか」との問いに「自分のため」と応えるのは当然です。しかし，先に述べたように自分を基軸とする「内発的な動機」は，常に「脆弱さ」を伴います。自分があきらめたとき，すべてが終わってしまうからです。

これに対して「誰かのため」という「外発的な動機」をもつ人は踏ん張ることができます。私が出会った野宿者の少なくない人が，野宿になった理由とし

て「失業」とともに「家族との別れ」を挙げていたのは印象的です。「家族のため」「愛する人のため」，人は他者とのつながりの中で「意欲」を醸成させることができます。

第3に，「社会的サポートとつながらない」という危機です。いくらよい制度を創っても，それを知らない，教えてくれる人がいない，つないでくれる人がいないならば，「存在しない」のと同じです。結果，対処が遅れ問題が深刻化し意欲はいっそう低下します。早期に対応すれば軽傷で済むものを，重症化してから対処すると当然社会的コストも増大します。

このほかにもさまざまな「危機」が考えられます。たとえば，引受人がいない満期出所者の再犯率が高いという現実も，孤立の危機の1つだといえます。

伴走型支援の価値観

伴走型支援が「とにかくつながること」を重視するのは，この支援における価値観が「いのち」や「存在」という普遍的なものに向けられているからです。問題解決型支援が行きすぎると「解決できたか，できないか」という「成果主義」に陥ります。関わっても解決できないと「支援しても意味がなかった」と思ってしまう。

伴走型支援は「解決」という結果ではなく，「つながり」という「状態」を重視します。どうであれ「生きてつながること」に最大の価値を見出します。たとえ拒否されても，こちらは「つながり」をあきらめない。

私の場合，野宿場所にお弁当を届け続け，10年以上が経過したある日，「もう一度生き直したい」との声を聴いた経験が何度もあります。問題解決という「成果」が出ない10年間でしたが，伴走型支援としては確実に支援をしてきたのだと思います。野宿状態であろうが，一方的であろうが，生きている彼とつながり続けたことに大きな意味があります。

つながりの本質

では，「つながり」の本質は何でしょうか。私は，それは「対等性」「相互性」あるいは「双方向性」だと思います。

すべての「いのち」が等しく尊いように，「つながり」もまた対等でなけれ

ばなりません。伴走型支援は,「支援」という言葉を用いているため「支える側」と「支えられる側」の区分が前提のように見られがちです。しかし,「つながり続ける」ということをめざす限り,そのような関係の固定化は解消されなければなりません。

　また,「支えられた人」が「支える人になる」という「相互性」も重要です。あるいは「支えられながら,支える」という「双方向性」。余裕のある人が困っている人を助けることが「絆」だと考える人が少なくありませんが,「つながり」は双方向です。伴走型支援においては「助けられたり,助けたり」ということが重要になります。

機能としての2つの支援

　格差や貧困が拡大する現実において「問題解決型支援」は不可欠です。ただ「経済的困窮」の深刻化と同時に「社会的孤立」が進行する現代社会においては,「問題解決型支援」と「伴走型支援」は「支援の両輪」として実施される必要があります。

　この2つは「機能」をさしているのであって,「役割」ではありません。つまり,「問題解決型支援担当者」と「伴走型支援担当者」がそれぞれいるわけではなく,2つの支援は一体的に行使されます。支援員が1名であったとしても,この両方の機能を常に念頭に置いて支援を実行していきます。

本人主体

　何よりも重要であるのは「本人主体の尊重」であると思います。いずれの「支援」も,そのめざすところは「自立」のみならず「自律」にあります。「自律」とは,その個人が自ら人生を選び取り,自分の物語を生きることができることです。とくに「自分からの疎外」状態にある孤立者が自分の状態を認知し,自分の物語を見出すためには伴走型支援は欠かせません。ゆえに「本人参加」が原則となります。このように「本人の主体的決断による自律を応援する環境整備」が支援の両輪であり,社会保障制度の目的です。ですから「つながり」を重視する伴走型支援は,「教え」「指導する」のではなく対話的に実施されることが重要です。

専門職の役割

伴走型支援の領域には，孤立が深刻な状態にある個人へのアプローチを担当する「専門職領域」と，孤立しない日常を支える「地域共生社会領域」があります。そして，その土台に公的な支援（国の責務）が確実に存在することは当然の前提となります。

専門職の働きは，以下の3つを考えています。

第1に，孤立した人と「つながる」ことです。心が閉ざされた状態にある人と「つながる」ためには，知識や技術が必要となります。今後，伴走型支援において，専門職が身につけるべき知識や技術とは何かが，検討されていくと思います。

ただ，「つながり」というものが個人によってさまざまであること，さらに「つながりの主体」がきわめて人格的事柄であることなどを考えると，教科書的な答えを想定することは難しい。支援員の個人としての素養はとても重要です。それゆえに，支援員が1人で抱え込まないようにチームで対応することが大切です。

第2に，「つなげる」ことです。すでに述べたとおり，支援員が抱え込まず地域やキーパーソンへとつながりを広げていきます。「つながり」は「開かれたつながり」でなければなりません。

当然，「つなぎ先」に問題がある場合や本人の同意がない場合は，「つなげない」という判断も必要です。無責任な「投げ渡し」にならないように注意します。「つなげる」支援においては，専門職といえども「支援者目線」のみならず「当事者目線」が重要になります。

第3に「もどし，つなぎ直す」ことです。地域へ「つなげた」後も，専門職は「緩やかな見守り」を続けます。地域の方々からの情報をもとに，再び本人が孤立したり，具体的な問題を抱えた場合は，「もどし」，そして「つなぎ直し」ます。「つなぎ先」に問題が生じた場合も早期に「もどし」，「つなぎ直し」を実施します。

このような「つなぎ」と「もどし」，そして「つなぎ直し」の継続的実施が伴走型支援の特徴です。

家族機能の社会化

　従来の社会において「つながり」は，どのように確保されてきたのでしょうか。「日本型社会保障システム」と呼ばれた「企業と家族」を土台とした社会構造が大きな役割を果たしてきました。これは「長期安定雇用を条件とした男性稼ぎ主の所得保障と女性による家事・育児・介護労働に基づく生活保障システム」を指しますが，1990年代以降，不安定な雇用が増え，企業とともに家族が脆弱化した結果，それに引きずられるようにして「つながり」が難しくなっていきました。

　その中にあって伴走型支援は，脆弱化した「家族機能の回復」をめざします。これはあくまで「機能の回復」であって「家族の回復」を意味しません。伴走型支援は「家族機能の社会化」を課題とします。赤の他人が家族機能を担い合う地域づくりを射程にもった支援であり，先に述べた「対社会」の支援論です。その結果，新しい地域共生社会の創造が可能になります。

　日本型社会保障システムにおいては，企業が家族（家庭）を支えてきました。そして家族が限界を迎えたとき，必要な制度へと「つなぐ」のが家族の役割でした。しかし，企業と家族の脆弱化は，「つながり」を薄くしたのみならず，「家族」と「制度」の間に「新たな隙間」を生み出しました。これまで「隙間」といえば「制度の縦割り」の弊害としての隙間が問題となってきましたが，「新たな隙間」は「家族と制度の隙間」です。この部分は従来「家族」が担ってきたゆえに，今もそれは「身内の責任」とされています。「8050問題」（高齢の親元に中高年の子どもが長くひきこもっている）はその典型です。いつまでも，どこまでも，「家族（身内）の責任」に押し付けるのではなく，これまで家族が担ってきた「機能」を社会化することが急がれています。

　伴走型支援では，社会化されるべき「家族機能」を次の5つと想定しました。そのうえで，これを担う社会の仕組みを構築することをめざします。

　第1の機能は「家庭内サービス提供機能」です。食事，看護，入浴，教育など家族は，直接サービスを提供してきました。「介護」はすでに社会化された「家族機能」だといえます。

　第2の機能は「記憶」です。家族は記憶の蓄積場所でした。記憶は，思い出やアイデンティティのみならず，データベースでもあります。記憶があるゆえ

図 1-1　「家族機能の社会化」：制度の隙間と制度との隙間

に，現在起こっている事象にどう対処すればよいか，過去の経験を踏まえ判断できるのです。ただ，従来の家族はメンバー限定でしたが，伴走型支援は赤の他人によるチーム支援ですから，個人情報保護の徹底とともにIT等の利用などが必要となります。

　第3の機能は「つなぎともどしの連続的行使」です。家庭内サービス提供では収まらない事態となったとき，家族は社会資源へつなぎました。また，つなぎ先が良くない場合は，もどすという機能をもってもいました。この「つなぎともどし」を連続的に行使できるのが家族です。伴走型支援は「つながり続ける支援」であるゆえに，この連続性を担保することができます。

　第4の機能は「役割の付与」です。上記3つの機能は，どちらかといえば「助けてくれる」機能でした。家族は，助けてくれる存在のみならず，その人に「居場所」と「出番」を提供してきました。伴走型支援は，「支援する側」と「支援される側」の固定化を超え「自己有用感」を確保します。

　第5の機能は「共にいる──何気ない日常」です。これは「機能」といえるかわかりませんが，家族が過ごす大半の時間は「何気ない日常」だったといえます。「問題解決型支援」は「問題が生じた」という「非日常」において必要となりますが，「つながり続けること」をめざす伴走型支援は「日常」が舞台です。「ただ共にいる」ということは，家族の大きな役割です。さらに，この日常の終わりが「葬儀」となります。葬儀は家族機能の最たるものです。家族が脆弱化，あるいは単身化が進んだ今日，誰が葬儀を担うかは大問題です。大

家の8割が「単身高齢者の入居」を拒否しているといわれています。死後事務を担当する者（家族）がいないからです。これを担う仕組みが伴走型支援を実践する「地域共生社会」だといえます。

　伴走型支援が考える「家族機能」は以上です。これは「家族機能をいかに代替えするか」ということですが，従来の家族を否定しているわけではありません。「家族にしかできないことを家族が担う」ためにも，家族機能の社会化が必要だと考えます。では，家族にしかできないこととは何か。それを考えるのも伴走型支援の役割だと思います。

人生という時間軸

　最後に，伴走型支援における「時」の問題です。「つながり続ける」ことをめざす支援であるゆえに「長い時の流れ」が前提とされています。従来の問題解決型支援が「主訴」に対して「支援開始から支援終結」という短期集中型の「点」の支援であったこととは対照的に，伴走型支援は「線の支援」といってよいでしょう。

　伴走型支援は，「人生という時間軸」の中で，さまざまな登場人物を巻き込みながら進んでいきます。そして，いつしか「支援」という枠組みを超え「ともに生きる日常」が創造されていくための営みとなります。

　孤立する個人との関わりが，ひとりぼっちにならなくて済む地域共生社会の創造へと至る道となります。これまで「問題」とされてきた現実が，実は新しい社会を創造するためのモメントとなりうる。支配的であった従来の価値が刷新され，新しい価値が創造される作業となります。伴走型支援は，専門職のための「技術」ではなく，庶民がともに生きるための「所作」だと私は思います。ぜひ多くの方々に伴走型支援を学んでいただきたいと，心から願っています。

　以上が私の考える伴走型支援の要点です。

　この図は，伴走型支援における「当事者」「専門支援員」，さらに「地域の人々」との関係を示したものです。

　縦軸は「つながりの量」を示し，横軸は「時間」を示します。

　一番上の曲線が「本人の人生」を示し，線の太さは「意欲」の状態を示します。「つながり」が増えるほど「意欲」は充実し（太くなる），「つながり」が少なくなるほど「意欲」は減少します。

　下の曲線は，専門支援員の「つながりの濃さ」を示します。地域との「つながり」が増えることで，専門支援員のつながりは薄くなりますが，切れることはありません。

　専門支援員の働きは，第1に孤立状態の当事者と「つながり」を創ることです。第2にキーパーソンなどに「つなげる」ことです。第3に地域との「つながり」を増やすことで「当事者」が地域の一員となり役割を得られるようにコーディネートすることです。第4にその後も地域の様子を俯瞰的に見守りつつ「緩やかなつながり」を続けます。第5に次の危機が訪れた際に関係を「もどし」，「つなぎなおす」ことです。

　3番目の短い線は問題解決型支援を表します。当初，孤立と問題が並行して起こっています。専門支援員は，問題解決に向けた支援を行うと同時に孤立解消のための伴走型支援を続けます。地域へ「つないだ」後，地域からの情報提供や本人からの相談で，新たな問題発生が判明した場合，専門支援員は問題解決を図ります。また，「つながり」に問題が生じている場合は，いったん「もどし」，「つなぎなおす」ことで「つながり」を更新します。

　これはあくまでイメージですので，現実はこのような単純な展開にはなりませんが，伴走型支援が「つながり続ける」支援であること，「つながり」の先が専門支援員からキーパーソン，さらに地域へと広がること，さらに人生は曲線であり，良いときと苦しいときが交互に起こりつつ「つながり」を増やすことを示しています。

　図の下の枠内は，伴走型支援のキーワードを示したものです。

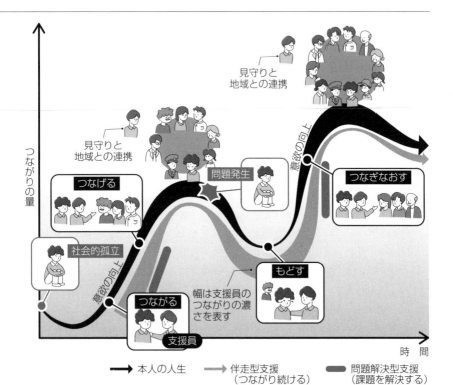

つながりの量

時　間

➡ 本人の人生　　➡ 伴走型支援
（つながり続ける）　　■ 問題解決型支援
（課題を解決する）

見守りと地域との連携
つなげる
社会的孤立
つながる
支援員
意欲の向上
問題発生
見守りと地域との連携
意欲の向上
つなぎなおす
もどす
幅は支援員のつながりの濃さを表す

社会的孤立状態がもたらすもの

▌自分自身からの疎外

孤立（他者不在）によって自分の状態や存在意義がわからない。

▌意欲の低下

動機や意欲は他者との関係の中で生まれる

▌サポートとつながらない

どんなに良い制度であってもつながらないと無いと同じ

▌対処の遅れ

・事態の深刻化
・社会保障費の増大

支援のプロセス ～専門職の３つの働き～

つながる

・アウトリーチ
・閉ざされた心へのアプローチ・信頼関係の形成

つなげる

・抱え込まない
　→資源へのつなぎ
・つながりを広げる
　→地域づくり / 本人が役割をもつ
・つなげない選択もある
　→本人主体・本人利益の尊重

もどし・つなぎなおす

・緩やかな見守り・地域との連携
・再び本人が問題を抱えたり，あるいは「つなぎ先」に問題が生じたりするなどの「第2，第3の危機」を早期に発見し，孤立状態へと陥ることのないように支援する。

第2章

なぜ伴走型支援が求められているのか

稲月 正

Profile

　北九州市立大学基盤教育センター／地域創生学群教授。都市社会学の観点から生活困窮者支援や民族関係について研究をしている。九州大学大学院博士課程を中退後，九州大学文学部助手を経て 1991 年に北九州市立大学に赴任した。1994 年から北九州市内の自主夜間中学の活動に関わっている。2000 年代前半からは，NPO 法人北九州ホームレス支援機構（現・NPO法人抱樸）による生活困窮者支援について調査を行ってきた。『ホームレス自立支援——NPO・市民・行政協働による「ホームの回復」』（共著）明石書店，2006 年，『生活困窮者への伴走型支援——経済的困窮と社会的孤立に対応するトータルサポート』（共著）明石書店，2014 年，『社会再構築の挑戦——地域・多様性・未来』（共編）ミネルヴァ書房，2020 年など。

はじめに

第1章でみたように、伴走型支援とは、つながり続けることを目的とする支援です。伴走型支援と課題解決型支援は、生活困窮者の生きづらさを解消していくための支援の両輪となります。

いうまでもなく、困窮している人や家族に対する支援は、すべての人々が排除されずに生き生きと参加できる地域づくりや社会づくりとセットでなされなければなりません。個人に対する働きかけと社会に対する働きかけの双方が必要です。そのためには、しっかりとした公助も必要となります。

そうした前提のもと、この章では、生活に困窮している人や家族と出会い、つながり、支援し、命や生活を守る伴走型支援が、今なぜ求められているのかについて考えます。まず、生活困窮とは何かを確認しておきましょう（1節）。次いで、支援が必要な背景として生活困窮がどのくらい広がっているのか、また、なぜ広がっているのかを示します（2節）。そのうえで、つながり続ける支援が必要とされる理由について、いくつかの調査データをもとに考えてみたいと思います（3節）。

1　生活困窮とは

経済的困窮、社会的孤立、心身の健康や意欲の喪失

貧困、生活困窮と聞いてどのようなことを思い浮かべるでしょうか。お金がない、家がない、食べ物や衣服がないといった経済的困窮は生活困窮の主要な形です。また、社会的に孤立し、困っていても誰からも助けてもらえない人も、生活困窮状態にあるといえるでしょう。そして、往々にしてこの経済的困窮と社会的孤立は重なり合い、悪循環をきたしながら深化していきます。そうした状況に置かれ続けた結果、身体や心を病んで生きていく意欲を奪われてしまうこともあります。

基準は「普通の生活」を送ることができるかどうか

では、どこからが生活困窮状態なのでしょうか。生活困窮というと、餓死事

件や飢餓すれすれの状態を思い浮かべる人もいるかもしれません。しかし，先進社会においては，社会のほとんどの人が享受している「普通の生活」を送ることができないような状態を貧困すなわち生活困窮状態と考えます。これは，P.タウンゼントの社会的剥奪という考え方を根拠の1つとしています。彼は，日頃の親戚や友人との付き合い，食事の内容，冷蔵庫など耐久消費財等々，多くの人々にとって「普通」とされていることが，どのくらい奪われているかをもとにして貧困の基準を考えました（タウンゼントのこうした貧困の考え方は「相対的貧困」と呼ばれます）。その基準を一義的，定量的に決めることはなかなか難しいのですが，阿部彩が述べているように，「普通の生活」を送るためには，食事や衣服や住居があることはもちろん，余暇活動や社会的な活動への参加の機会が妨げられないこと，人間としての尊厳が守られることも必要です（阿部 2011：65）。それらが失われ，「普通の生活」が送れない状態が生活困窮状態です。

生活困窮状態は社会的排除によって生じる

　このような生活困窮状態は，社会的排除によって生じると考えられています。社会的排除というのは，学校，職場，地域，家族，友人など，さまざまな社会関係からはじき出されたり参加を拒まれたりすることです。その結果，生活困窮化のリスクは高まります。また，生活困窮状態にある人はさらに社会から排除されやすい状態に置かれることにもなります。このように社会的排除と生活困窮は循環的な関係にもあるわけですが，いずれにせよ，生活困窮の背後にあるのは社会的なプロセスです。その人自らの判断や行為の結果だけではありません。そうした社会の仕組みをみないで，生活困窮の原因をその人自身の判断や行為の結果のみに求めるのが自己責任論です。しかし，貧困な家庭に生まれること，非正規雇用が増え正社員になりにくくなったこと，障害をもった人が職に就きにくいことなどは自己責任なのでしょうか。そうではなく，そこには社会的排除という社会の仕組みが関係しています。

　湯浅誠は，生活困窮に至る背景として，①教育課程からの排除，②企業福祉からの排除，③家族福祉からの排除，④公的福祉からの排除，⑤自分自身からの排除という「五重の排除」を挙げています（湯浅 2008：60-61）。疾病や障害

をもっていたり，生育家庭がすでに排除を受けていた人たちは，①から④の排除を受けやすく，生活困窮のリスクも高い人たちです。もちろん，そうでない人たちもたくさんいますが，問題はそのリスクの高さです。さらに，①から④の排除を受け続け，しかもそれらが社会から自己責任とみなされ続けた結果，自らの困窮状態を「自分のせい」と考えてしまい，自分を大切に思えなくなってしまった状態が，⑤の自分自身からの排除です。「自分は何もできない」「誰も助けてくれない」「何もいいことはない」といった心理状態になれば，「助けて」と言えなくなります。「がんばろう」という意欲も失われてしまいます。

2　生活困窮の広がりと重なり

生活困窮の広がり

　今生活困窮はどのくらい広がっているのでしょうか。いくつかの統計データからみてみましょう。

　図2-1は，経済的困窮に関係する指標を示しています。まず，生活保護世帯数は1990年代半ばから上昇しています。金融資産非保有世帯比率は，年によって若干の増減はあるものの，長期的な趨勢としては上昇傾向を示していることがわかります。また，貧困率（等価可処分所得の中央値の半分以下の所得で生活している人がどのくらいいるのかを示す）は，1985年では12.0％でしたが2018年には15.4％となっています。近年，やや低下傾向にあるものの，趨勢としてはこれも上昇傾向を示しています。なお，図2-1には示していませんが，貧困率は世帯構成によっても大きく異なっており，母子世帯の貧困率は51.4％となっています（労働政策研究・研修機構「第5回〔2018年〕子育て世帯全国調査」）。

　経済的困窮が進んだ要因の1つとして挙げられるのが，グローバル化による国際競争の激化や産業構成の変化に伴う非正規雇用の増加です。1984年には15.3％だった非正規雇用者の比率は，2018年には37.9％（約2100万人）にまで上昇しました。

　生活の苦しさを感じる人の比率も長期的な趨勢としては増加傾向を示しています。図2-2には「国民生活基礎調査」の「生活意識」の推移を示しました。

図 2-1 経済的困窮を示す指標の推移

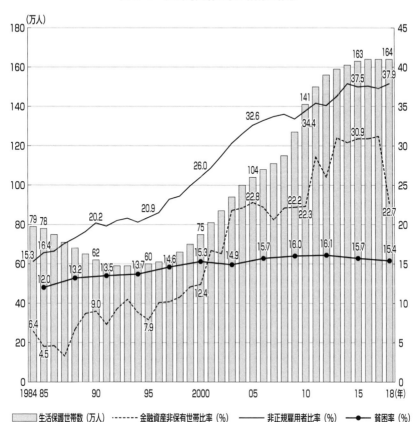

（出所）「生活保護世帯数」は「被保護者調査」厚生労働省，「金融資産非保有世帯比率」は「家計の金融行動に関する世論調査（2人以上世帯）」金融広報中央委員会，「非正規雇用者比率」は「労働力調査」総務省，「貧困率」は「2019年国民生活基礎調査の概況」厚生労働省。

「大変苦しい」と答えた人の比率は 1989 年には 11.3%，「やや苦しい」は 26.4％でしたが，それらの比率は上昇し「リーマンショック」翌年の 2009 年には，それぞれ 24.9%，33.2%になっています（図 2-2 には示していませんが，2014 年には「大変苦しい」は 29.7%，「やや苦しい」は 32.7%にまで上昇しました）。2019 年にはやや減少していますが，それでも 54.4%の人が「大変苦しい（21.8%）」「やや苦しい（32.6%）」と答えています。

　とくに深刻なのは母子世帯で，図 2-3 に示すように「大変苦しい」は 41.9%，

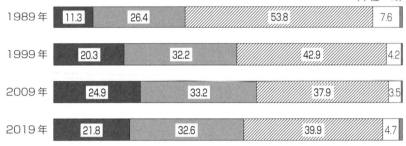

図 2-2 「生活意識」の推移

(単位：%)

	大変苦しい	やや苦しい	普通	ややゆとりがある
1989 年	11.3	26.4	53.8	7.6
1999 年	20.3	32.2	42.9	4.2
2009 年	24.9	33.2	37.9	3.5
2019 年	21.8	32.6	39.9	4.7

■ 大変苦しい　■ やや苦しい　▨ 普通　□ ややゆとりがある　■ 大変ゆとりがある

（出所）　平成 11 年，平成 21 年，2019 年「国民生活基礎調査の概要」厚生労働省。

図 2-3　母子世帯の「生活意識」(2019 年)

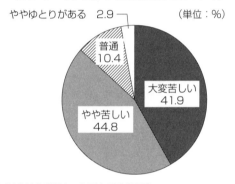

ややゆとりがある　2.9　　　　(単位：%)

普通
10.4

大変苦しい
41.9

やや苦しい
44.8

（出所）　「2019 年 国民生活基礎調査の概要」厚生労働省。

「やや苦しい」は 44.8％，合わせると 86.7％に上ります。この数値は，先に示した母子世帯の貧困率の高さに対応するものだと思われます。

　経済的困窮化は，家族や社会関係の不安定化をもたらします。そうした中，社会的孤立が進んでいることも指摘されています。

　玄田有史は「20 歳以上 59 歳以下の在学中を除く未婚無業のうち，ふだんずっと一人か，一緒にいる人が家族以外にはいない人びと」を「孤立無業」と定義し，その数が 1996 年の約 75 万人から 2011 年には 162 万人まで増加し，2016 年でも 156 万人に上っていることを明らかにしています。2016 年に孤立無業者の総数が減ったのは 20 代の孤立無業者が大きく減少したことによります。

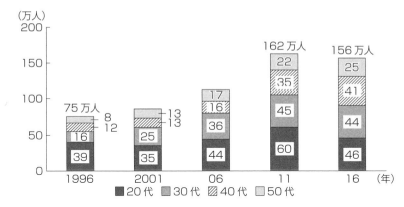

図2-4　孤立無業者の推移

（出所）　玄田（2020）をもとに作成。

　その一方で，40代，50代の孤立無業者の数は増加していました（玄田 2020）。玄田は2011年のデータをもとに，孤立無業になりやすいのは，男性，中高年，中学卒（高校中退を含む）であること，ただし2000年代以降，性別，年齢，学歴によらず，無業者になると，誰でも孤立しやすくなるという「孤立の一般化」が進みつつあることなども指摘しています（玄田 2013）。

　若年層や中高年層での不登校やひきこもりも決して少なくはありません。文部科学省の調査によれば，小中学校の不登校児童生徒数は16万5000人に上っています（「平成30年度 児童生徒の問題行動・不登校等生徒指導上の諸課題に関する調査結果について」文部科学省）。また，「広義のひきこもり」は15～39歳で54万1000人（「若者の生活に関する調査報告書（平成28年9月）」内閣府），40～64歳で61万3000人と推計されています（「生活状況に関する調査（平成30年度）」内閣府）。

　「国民生活基礎調査」の匿名データをもとにした朝日新聞と山本耕平の分析によれば，無職で独身の40～50歳代の子が高齢の親と同居し，生活費を親に頼っているとみられる家庭は2013年時点で推計57万世帯あり，1995年から約3倍に増えています（『朝日新聞』2020年3月30日朝刊）。このような世帯では，ひきこもりがちな中年の子が高齢の親と同居する中で介護，経済的困窮，社会的孤立などの問題が複合的に現れる，いわゆる「8050（ハチマルゴーマル）問

題」が生じやすいことも指摘されています。また，親の高齢化や死亡によって経済的困窮だけでなく社会的孤立もいっそう深刻になる事態も予想されます（単身世帯の増加，社会的孤立の高まり，その生活上のリスクについては第3章で詳細に分析されています）。

経済的困窮と社会的孤立の重なり

経済的困窮と社会的孤立は，お互いに絡み合いながら深刻化します。北九州市で野宿をしていた149人に対して筆者が行った調査では，最初に野宿をする直前の時点で64.9％が単身でした。41.8％の人は，そのときに隣近所との付き合いはなかったと答えています。また，野宿前に相談したいことがあった人は46.4％でしたが，そのうち36.9％の人は相談をしていませんでした。理由としては「相談する人がいない」「相談しても仕方がない」といったことなどが挙げられていました。社会的孤立が経済的困窮をもたらし，経済的困窮が社会的孤立をもたらすといった悪循環が，そこには想定されます。

そうした悪循環が，世代をまたいで生じたり，世帯の中で絡み合いながら現れることもあります。このような複合的な困窮が進めば，心身の健康にも悪影響が出てきます。私たちが調査で出会った母子世帯の多くも，支援につながる前は，経済的に困窮しているだけでなく，孤立無援な状況にありました。以前に受けたDV（ドメスティック・バイオレンス），過労，心労などで心身の健康を害し，子どもたちとともに一家でひきこもっていた世帯も少なくありませんでした。そうした母親の中には，幼い頃にDVを受けていたり，社会的に孤立し，経済的にも困窮していた人もかなりおられました。

制度の隙間

では，生活困窮が広がっているのはなぜでしょうか。その理由の1つとして，1990年代以降，日本を取り巻く環境の変化や日本社会の構造変動によって，「日本型生活保障」に揺らぎが生じたことが挙げられます（宮本 2009）。「日本型生活保障」は，男性稼ぎ主の長期安定雇用（企業福祉）と女性による家庭内での家事・育児・介護労働（家族福祉）に基づく仕組みでした。そのため現役世代に対する国の社会保障・福祉の財源は抑制され，高齢，障害，生活保護等，

図2-5 制度の隙間と未対応の多様な複合的困難

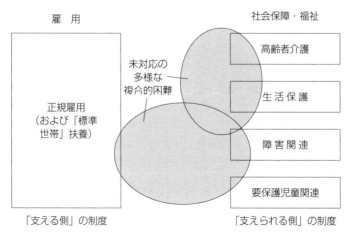

（出所）宮本（2017：22）。

領域ごとに給付基準を絞り込んだ縦割りの社会保障制度がつくりだされました
（宮本 2017）。

　しかし，企業福祉や家族福祉は社会慣行にすぎません。1990年代，グロー
バルな産業構造の変動などにより雇用が不安定化してくると，「日本型生活保
障」には揺らぎが生じるようになりました。また，「日本型生活保障」から最
初から排除されていた人たちもいました。たとえば，中小・零細企業労働者，
弱い立場で働く女性や外国人，非正規雇用の若者や高齢者などです。

　このように「日本型生活保障」からも縦割りの社会保障制度からも排除され，
制度の「隙間」に落ち込む人々の「多様な複合的困難」を宮本太郎は，図2-5
のように示しています（宮本 2017：22）。図2-5中の2つの楕円のうち，下の
楕円は「雇用（正規雇用および『標準世帯』扶養）」と「社会保障・福祉」の隙間
にあり未対応となっている複合的な困難で，雇用と社会保障との連携が必要と
される領域です。また，上の楕円は縦割りの社会保障制度では包括的に対処で
きない困難領域です。生活困窮の背後には，このような構造的な要因がありま
す。

3 社会的な支援の必要性

活力ある社会の維持のためにも社会的な支援は必要

　生活困窮の要因が構造的なものであるとするならば，その解消の責任を個人や家族にのみ負わせるのではなく，社会的に支援していくことが必要です。生活困窮は人々の幸せを奪います。それが正義に反することは，改めていうまでもありません。同時に，生活困窮は経済的な活力を失わせ，信頼の基盤を掘り崩すなど，社会全体に大きな損失をもたらします。2018年，英国は「孤独問題担当大臣」を任命しましたが，これは，社会的孤立による健康被害や活力ある労働力の損失などによって，年間320億ポンド（4.9兆円）ものコストが発生していることが示されたことも大きな要因でした。また，阿部彩は，さまざまな試算をもとに子どもの貧困を放置すると大きな損失が発生すること，逆に支援によって多くの利益が生みだされることを示しています（阿部2014）。社会的支援には，社会経済的コストの増大を防ぐための投資という側面もあります。社会的な支援は，人と社会の持続可能性のために必要です。

社会的な支援の2つの柱 ── 社会保障制度の拡充と地域での「つなぎ・つながり」

　では，どのような社会的な支援が必要なのでしょうか。それには相互に関連する2つの柱が考えられます。1つは包括的な社会保障制度です。図2-5に示した「多様な複合的困難」に対応する制度の拡充とそれに必要な支出を国が責任をもって行うことは課題解決にとってきわめて重要です。

　もう1つは，生活の場である地域で，課題解決のための制度につなぐ仕組みをつくること，そして人々が互いに支え合いつながり続ける仕組みをつくることです。最初に述べたように，専門職による課題解決型支援とつながり続けることをめざす伴走型支援は，対人支援の両輪となります。

　課題解決型支援では，専門職は生活に困っている人たちを人や制度につなぎながら生活課題を解決していきます。たとえ制度が申請主義によって縦割りで運用されていたとしても，専門職が寄り添って横断的な「つなぎ・もどし」を行うことにより包括的な支援が可能となります。このような課題解決型支援の

重要性は，従来の支援論でも強調されてきました。

　では，なぜ今つながり続けることをめざす伴走型支援がクローズアップされているのでしょうか。それはつながり続けることによって生活困窮の当事者自身が自らの状態や存在意義を知り，「助けて」と言えるようになるからです。奥田知志は，生活に困窮している人が「助けて」と言えないことの背後には，自己責任の内面化と自己認知不全があるといいます（第1章）。他者との対話を通して自分が危機的な状況にあることが認識できるようになれば「助けて」と言えるようになります。また，先に述べたように，「自分自身からの排除」によって，自らを大切に思えなくなることも「助けて」という声を奪います。自分を大切な存在と思えるかどうかは，他者との関係で決まります。自分を大切に思ってくれる他者，自分が大切に思う他者とのつながりが生への意欲を生み出します。「助けて」と言えるようになるためには，そうした生への意欲を生み出す他者とのつながりが必要です。

　当事者自らが「助けて」と言えるようになれば，社会的排除を受け，地域の中で見えにくくされていた彼ら／彼女らの姿も見えやすくなり，支援につながりやすくなります。さらに，支援者や社会的な支援につながり続けることを通して，困窮当事者に人や社会への信頼が生じてくれば，結果として，課題も解決に向かう。このような好循環も期待できるでしょう。

　それだけではありません。「助けて」という声を上げることは，困窮当事者が主体性や自律性を獲得していくことでもあります。支援においては，ともするとそれが「支援する－支援される」といった関係の固定化をもたらしたり，そこに専門家による支配が潜んでしまったりすることが問題とされてきました。自らが「助けて」と言えるようになること，そして対話を通してお互いに最適解を見つけていくことは，困窮当事者にとって当然の権利であり，制度の主体的な利用にもつながります。意に沿わない支援につながらない，つなげないためにも，互いにつながり続けることが必要なのです。

伴走型支援の可能性

　最後に，つながり続ける支援の可能性を示すデータを，私たちが行った「福岡絆プロジェクト」の調査から示しておきましょう。「福岡絆プロジェクト」

とは，2010年11月から13年3月まで福岡市で実施された「パーソナル・サポート・モデル事業」です。モデル事業であったため期間が区切られていましたが，この事業は伴走型支援を理念とするものでした。利用者の多くは無料定額宿泊施設やホームレス支援団体などから紹介された方々で，経済的困窮や社会的孤立の度合いがきわめて高い人たちでした。全利用者（122名）の96%は単身者であり，半数は何らかの障がいをもっていました。また，約8割が精神的な課題（うつ，知的障害，依存症など）を抱え，半数以上の人たちには法律・経済問題（多重債務や滞納など）がありました。このような方々に対して，本事業ではパーソナル・マネジャーと伴走支援員（パーソナル・サポーター）とがチームを組んで支援にあたりました（稲月・垣田 2014）。

　図2-6a, bは，事業終了時点での利用者（80名）へのアンケート調査の結果です。そこに示すように，福岡絆プロジェクトを利用するようになって半数の人が「社会関係が広がった」と感じていました。そして，「社会関係が広がった」と感じている人のほうが，そうでない人よりも「希望がもてるようになった」と答えた人の比率が高かったのです。

　また，「自分が困ったときにはまわりの人からの援助が期待できると思いますか」という質問について，福岡絆プロジェクトが始まったときと終了したときの回答の変化を示したのが，図2-7です。「援助が期待できる」という意識があれば，困ったときには「助けて」と言えます。開始時点での利用者数はまだ少なかったため，開始と終了の2時点ともに回答していただいた方は16名でした。人数が少なく結果の解釈には一定の留保が必要ですが，この図2-7からは，「困ったときに援助が期待できる」と思う人の比率は高まっていること，「わからない・無回答」の比率は低下していることがわかります。

　このような意識の面での変化だけでなく，福岡絆プロジェクトはさまざまな課題解決にも効果がありました。私たちは，この事業の評価・検証のため，利用者の生活状態を，経済生活（収入源や所得額），日常生活（衣食住の生活習慣や病院受診），社会生活（トラブル対応や社会関係の広がり）といった3つに分け，それぞれについて所定の基準に従って定期的にスコア化しました（スコア化の基準については〔稲月・垣田 2014〕をご参照ください）。図2-8は，対象となった102名について，支援が開始された時点から事業が終了した時点までの生活状

図2-6a　社会関係は広がったか

（単位：%）

縮小した　1.3
不明・無回答　8.8

広がった
50.0

変わらない
40.0

図2-6b　社会関係の広がりと希望の広がり

（単位：%）

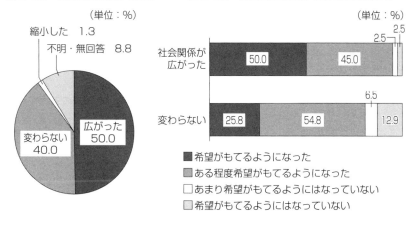

社会関係が
広がった　50.0　45.0　2.5　2.5

変わらない　25.8　54.8　6.5　12.9

■ 希望がもてるようになった
■ ある程度希望がもてるようになった
□ あまり希望がもてるようにはなっていない
■ 希望がもてるようにはなっていない

図2-7　自分が困ったときまわりの人からの援助が期待できると思うか

（単位：%）

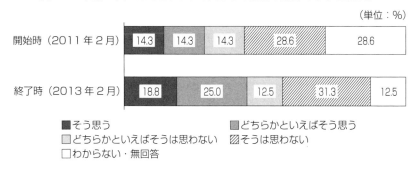

開始時（2011年2月）　14.3　14.3　14.3　28.6　28.6

終了時（2013年2月）　18.8　25.0　12.5　31.3　12.5

■ そう思う　　　　　　　　　　　　　■ どちらかといえばそう思う
□ どちらかといえばそうは思わない　▨ そうは思わない
□ わからない・無回答

態スコア（各生活状態の合計スコア）の推移パターンを示したものです。

　興味深かったのは，利用者の生活状態が支援によって必ずしも一貫して改善の方向に向かったわけではなかったことです。もちろん，「一貫課題解決型」も23.5％おられました。しかし，パターンの中でもっとも多かったのは，課題が生じたり解決したりを繰り返しながら全体としては課題解決の方向に向かっているという「ジグザグ課題解決型」（34.3％）でした。また，課題は解決しないまでも悪化しないで持続的に推移する「ジグザグ持続型」も比較的多くみられました（19.6％）。

　潜在的な生活リスクが高い人たちの場合，生活課題がいったんは解決したよ

図2-8　生活状態の推移パターン

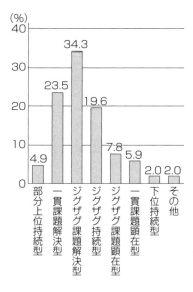

推移パターン

部分上位持続型： 生活状態スコアが比較的高いまま推移するもの（ただし必ずしも３つの生活状態すべてが高いわけではないので「部分上位」とした）。

一貫課題解決型： 一貫して課題の解決がみられるもの。

ジグザグ課題解決型： 課題が生じたり解決したりを繰り返しながら課題解決の方向に向かっているもの。

ジグザグ持続型： 課題が生じたり解決したりを繰り返しながらも生活状態の悪化がみられないもの。

ジグザグ課題顕在型： 課題が生じたり解決したりを繰り返しながら生活状態の低下傾向がみられるもの。

一貫課題顕在型： 一貫して生活状態の低下がみられるもの

下位持続型： 生活状態スコアが低いまま推移しているもの。

その他： 上記のいずれにも当てはまらないもの。

うにみえても再び現れてきたり，別の課題が新たに生じてきたりもします。しかし，伴走支援員と困窮当事者とがつながり続けていることで，そうした課題が早目に見つかり，対応が行われたため，「ジグザグ」型のパターンをとりつつも，徐々に解決に向かっていったのではないでしょうか。

おわりに

　この章では，生活困窮を，さまざまな社会的排除によって経済的困窮，社会的孤立，心身の健康や意欲の喪失が絡み合って生じている状態だと考えました。そして，今，このような生活困窮状態が広がりをみせていること，活力ある社会の創造にとって生活困窮問題の解消に向けた社会的な支援が必要であることを示しました。そのうえで，国による社会保障制度の拡充とともに，地域でつ

なぐ・つながり続ける支援の仕組みづくりが必要であること，生活困窮の当事者が「助けて」と言えるようになり，必要な支援につながるためにもつながり続けることが必要なことを述べました。さらに，つながり続ける支援がもつ可能性を，伴走型支援を理念として実施された福岡絆プロジェクトの調査データをもとに示しました。

　伴走型支援は，つながり続けることを目的としています。しかし，課題が解決できなければ，つながり続けることも難しくなります。それゆえ，つながり続ける支援を行うためにも，地域の中に課題解決のための多様な支援の受け皿が用意されている必要があります。支援に必要な人，制度，機関の整備とともに，排除しない心を人々の中につくっていく。こうした地域や社会への働きかけも，個人や家族への支援と合わせて行われる必要があります。伴走型支援と課題解決型支援は，公助，共・協助，自助が多元的かつ最適に組み合わされた福祉社会システムの形成として考えていかねばならないことを，最後に確認しておきたいと思います。

文　　献

阿部彩，2011，『弱者の居場所がない社会——貧困・格差と社会的包摂』講談社現代新書。

阿部彩，2014，『子どもの貧困Ⅱ——解決策を考える』岩波新書。

稲月正・垣田裕介，2014，「伴走型支援としてのパーソナルサポート事業の展開——福岡絆プロジェクト」奥田知志・稲月正・垣田裕介・堤圭史郎『生活困窮者への伴走型支援——経済的困窮と社会的孤立に対応するトータルサポート』明石書店。

玄田有史，2013，『孤立無業（SNEP）』日本経済新聞出版社。

玄田有史，2020，「講演 2040年問題と雇用面から今出来ること」（医研シンポジウム2019講演録 https://www.jstage.jst.go.jp/article/iken/29/4/29_29-457/_pdf/-char/ja　2020年11月25日取得）

宮本太郎，2009，『生活保障——排除しない社会へ』岩波新書。

宮本太郎，2017，『共生保障——〈支え合い〉の戦略』岩波新書。

湯浅誠，2008，『反貧困——「すべり台社会」からの脱出』岩波新書。

第3章

単身化する社会と社会的孤立に対する伴走型支援

藤森 克彦

Profile

　日本福祉大学福祉経営学部教授。社会保障論を専攻。1992 年に，民間シンクタンク富士総合研究所（現・みずほリサーチ＆テクノロジーズ）に就職。1996〜2000 年までロンドン駐在研究員となり，日本と英国の社会保障制度の比較研究を行う。2000 年代中頃から，家族依存型福祉国家の日本で単身世帯が急増していることに着目して，単身世帯の社会的孤立や貧困などの研究を始める。2017 年から日本福祉大学に赴任。みずほリサーチ＆テクノロジーズも兼務。

　著書（単著）に『単身急増社会の衝撃』日本経済新聞出版社，2010 年，『単身急増社会の希望──支え合う社会を構築するために』日本経済新聞出版社，2017 年など。

はじめに

近年，生きづらさやさまざまな生活上のリスクを抱える個人や世帯が増えています。この背景には，地縁，血縁，社縁といった共同体機能が脆弱化する中で，社会的に孤立して，他者とのつながりが乏しい人が増えていることがあると思います。とくに，単身者（1人暮らし）において，社会的に孤立する人の比率が高いことが指摘されてきました。

ところで，単身者は1980年代半ばから大きく増加しており，今後も中年層や高齢者層で増えていくとみられています。また，未婚化の進展に伴って，未婚の単身者も増加しています。未婚の単身者は，配偶者がいないだけでなく，子どももいないことが考えられます。もし親しい友人や知人がいなければ，身寄りがなく，社会的に孤立することも懸念されます。

一方，生活困窮者を支援する現場では，社会的に孤立した人に対して「伴走型支援」が有効であることが指摘されています。

そこで本章では，単身者の増加の実態と社会的孤立との関係を考察したうえで，社会的に孤立する人への伴走型支援の意義を考えていきたいと思います。なお，社会的に孤立する人は，必ずしも単身者とは限りません。家族と暮らす人であっても，他者とのつながりがない人や世帯全体が孤立していることもあります。しかし，単身者は，同居家族がいないという点において，同居家族のいる人よりも社会的に孤立しやすいといえるでしょう。

本章の構成としては，まず単身者の増加の実態とその要因を概観します。次に，単身者における社会的孤立の実態をみていきます。そして，社会的孤立は何が問題なのかを考えます。最後に，社会的孤立に対する伴走型支援の意義を考察していきます。

1 単身世帯の増加の実態とその要因

単身世帯の定義

まず，「単身世帯」とは，どのような世帯をいうのでしょうか。自明のことと思うかもしれませんが，確認をしておきましょう。総務省『国勢調査』によ

れば，単身世帯（単独世帯）とは，「世帯人員1人の一般世帯」をいいます。単身世帯の世帯員は1人なので，世帯としてみれば「単身世帯」ですが，個人としてみれば「単身者」「1人暮らし」となります。本章では，世帯でみるか，個人でみるかによって，「単身世帯」「単身者」「1人暮らし」という用語を使い分けていきますが，同一の対象を示します。

　なお，1人で老人ホームに入所したり，1人で個室に入院しても，「単身世帯」には含まれません。先ほど述べたように，単身世帯は「世帯人員1人の一般世帯」と定義されていますが，病院や社会施設の入院・入所者は「施設等の世帯」に属するからです。

単身世帯の増加の実態とその要因

　この定義に基づいて単身世帯の現状をみると，2015年現在，日本では1842万世帯の単身世帯がいます。総人口に占める単身者の割合は14.5％です。つまり，7人に1人が1人暮らしをしています（図3-1）。過去からの推移をみると，単身世帯数，総人口に占める単身者の割合，総世帯数に占める単身世帯の割合

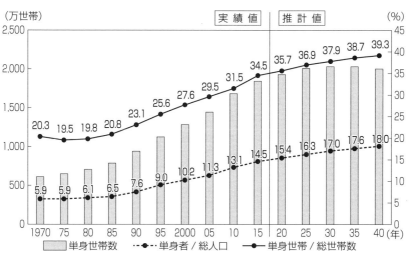

図3-1　単身世帯の全体的動向（1970年からの長期的推移）

（出所）　2015年までは，総務省『国勢調査』による。2020年以降は，国立社会保障・人口問題研究所，2018，『日本の世帯数の将来推計』2015年基準推計，同，2017，『日本の将来推計人口（中位推計）』2015年基準推計に基づき筆者作成。

表 3-1　男女別・年齢階層別にみた単身世帯数（1985 年と 2015 年の比較）

（単位：万人）

	男　性							女　性						
	20代	30代	40代	50代	60代	70代	80歳以上	20代	30代	40代	50代	60代	70代	80歳以上
1985年（①）	204	90	49	34	16	12	4	83	31	30	53	67	50	12
2015年（②）	196	157	165	141	149	84	46	135	90	84	82	136	173	167
倍数（②/①）	1.0	1.7	3.4	4.2	9.1	7.0	11.0	1.6	2.9	2.8	1.5	2.0	3.5	13.7

（注）　1.　2015 年の単身世帯数については，筆者が年齢不詳分を按分処理したため，総務省『平成
27 年国勢調査』に掲載されている数値と一致しない。
　　　　2.　網掛け部分は，4 倍以上増加した年齢階層。
　　　　3.　表中の単身世帯数は，小数点第 1 位を四捨五入している。一方，倍数は，小数点第 1 位
以下を含めて計算しているので，若干の差が生じることがある。
（出所）　1985 年は，総務省『国勢調査』時系列データ。2015 年は総務省『平成 27 年国勢調査』に
より筆者作成。

は，1985 年頃から増加傾向にあります。

　男女別・年齢階層別に 1985 年から 2015 年にかけての単身世帯の増加状況を
みていきましょう。この間，単身世帯は中年層や高齢者層で大きく増加してき
ました（表 3-1）。1985 年から 2015 年にかけて単身世帯が 4 倍以上増加した年
齢階層は，男性では 50 代以上の年齢階層，女性では 80 代以上の年齢階層です。
とくに 80 歳以上の年齢階層では，男女ともに単身者が 10 倍以上増えています。
また，50 代の単身男性も 4.2 倍も増加しています。

　では，なぜ単身世帯は増加したのでしょうか。まず，50 代の単身男性が増
加したもっとも大きな要因は未婚化の進展と考えられます。未婚者は配偶者や
子どもがいないので，親や兄弟姉妹などと同居しない限り，単身世帯になりや
すいのです。具体的には，50 代男性に占める未婚者の割合は，1985 年は 2.6％
でしたが，2015 年には 18.3％となりました。この 20 年間で 15.7％ポイントも
増加しました。

　一方，80 歳以上で単身世帯が増加したのには，2 つの要因があります。1 つは，
長寿化によって 80 歳以上の人口が増加したことです。80 歳以上の人口増加に
伴い，80 歳以上の 1 人暮らしも増加しました。もう 1 つの要因は，老親と子
の同居が減少したことです。人々のライフスタイルの変化が高齢者の 1 人暮ら
しを増加させています。たとえば，1995 年には，夫と死別した 80 歳以上女性

の69.7％がその子どもと同居していました。しかし，2015年になると同居率は46.8％に低下しています。わずか20年間で，夫と死別した80歳以上の母親とその子どもとの同居率が，22.9％ポイントも低下しました。

今後の単身世帯の増加

では，今後，単身世帯はどのような年齢階層で増加していくのでしょうか。国立社会保障・人口問題研究所の将来推計（2015年基準推計）をみますと，2015年から2030年にかけて，男女ともに20代〜40代の年齢階層で単身世帯数が減少していく一方で，50代以上の年齢階層では，70代の女性を除いて単身世帯数が増加すると推計されています（図3-2）。男性では，80歳以上で1.98倍，70代で1.43倍と高齢者で大きく増加します。また，中年層においても50代で1.32倍になると推計されています。特筆すべきは，2030年には50代男性の単身世帯数が186万世帯となり，男性では50代がもっとも多くの単身世帯を抱える年齢階層になる点です。

一方，女性では2015年から2030年にかけて単身世帯の伸び率が高いのは，80歳以上（1.55倍）と50代（1.53倍）です。女性でも，中年層は50代で単身世帯が大きく増加していくとみられています。

未婚の単身高齢者の増加

今後の単身者の増加に関して注目すべきは，未婚の単身者が増えていく点です。先ほど触れましたが，未婚の単身者は，配偶者だけでなく，子どももいないことが考えられるので，親しい友人・知人がいなければ「身寄りのない単身者」になる可能性があります。

私は，2015年から2025年にかけては，とくに70代男性において身寄りのない人が増えるのではないかと考えています。2015年の年齢階層別・配偶関係別の単身世帯数をみると，60代の単身男性数は約149万人いて，70代の単身男性よりも1.78倍多い水準です（図3-3）。また，60代の単身男性の配偶関係をみると，未婚者の構成比が48.4％と半分程度を占めています。一方，70代の単身男性に占める未婚者の割合は25.2％にとどまっています。

ところで，2015年の60代の単身男性の多くは，2025年には70代の単身男

図3-2 2030年の単身世帯数の将来推計（2015年〔実績値〕との比較）

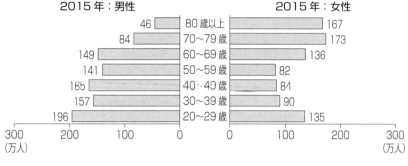

2015年：男性 / 2015年：女性

	2015年：男性		2015年：女性
80歳以上	46		167
70～79歳	84		173
60～69歳	149		136
50～59歳	141		82
40～49歳	165		84
30～39歳	157		90
20～29歳	196		135

300 200 100 0（万人）　0 100 200 300（万人）

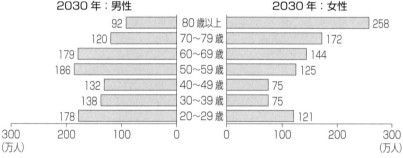

2030年：男性 / 2030年：女性

	2030年：男性		2030年：女性
80歳以上	92		258
70～79歳	120		172
60～69歳	179		144
50～59歳	186		125
40～49歳	132		75
30～39歳	138		75
20～29歳	178		121

300 200 100 0（万人）　0 100 200 300（万人）

（注） 1. 2015年は実績値。2030年は，国立社会保障・人口問題研究所による2015年基準による
　　　　 将来推計。
　　　 2. 2015年の数値は，総務省『平成27年国勢調査』に基づき，筆者が年齢不詳分を按分。
　　　　 このため，『国勢調査』の数値と一致しない。
（出所） 総務省『平成27年国勢調査』および国立社会保障・人口問題研究所『日本の世帯数の将
　　　 来推計（全国推計）』（2018年推計）により，筆者作成。

性になることが考えられます。なぜなら，60代男性の10年後の生存確率は8
～9割と高く，他方で60代の婚姻率は低いためです。実際，国立社会保障・
人口問題研究所の将来推計によれば，2025年の70代の単身男性数は，2015年
の70代の単身男性数の1.51倍になると推計されています。また，上記で示し
たとおり，70代の単身男性に占める未婚者の比率も高まることが考えられます。
したがって，2025年には70代男性において，未婚の単身高齢者が著しく増え
ていくでしょう。そして，その一部は身寄りのない単身高齢者になる可能性が
あります。

　ちなみに65歳以上の未婚者は，今後急増していくとみられています。国立

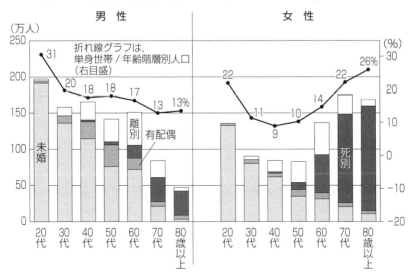

図 3-3　男女別・年齢階層別にみた単身世帯数と配偶関係（2015 年）

（注）　年齢不詳と配偶関係不詳を按分して年齢階層別・配偶関係別の単身世帯数を求めた。このた
　　　め，「国勢調査」の数値と一致しない。
（出所）　総務省『平成 27（2015）年国勢調査』（人口等基本集計，第 8‐3 表）により筆者作成。

社会保障・人口問題研究所によれば，65 歳以上の未婚者数は，2015 年の 172.4
万人（実績値）が，2040 年には約 2.74 倍に増えて 472.9 万人になると推計され
ています。65 歳以上人口に占める未婚者の比率も，2015 年の 5.1％が 2040 年
には 12.1％になるとみられています。

2　単身者の社会的孤立の実態

　これまでみてきたように，今後，中年層や高齢層において単身者がいっそう
増加していくとみられています。そして，単身者は同居人がいないという点で，
2 人以上世帯に属する人と比べて，社会的に孤立するリスクが高いことが指摘
されています。以下では，単身者の社会的孤立の実態をみていきたいと思いま
す。「社会的孤立」については一義的な定義があるわけではないのですが，こ
こでは家族や友人，近隣の人々など，他者との関係性が乏しいことと定義しま

す。社会的孤立は，寂しさや孤独感といった主観的な状態をいうのではなく，他者との関係性の欠如といった客観的な状態を示しています。

　では，「他者との関係性が乏しいこと」は，どのように測定すればいいのでしょうか。社会的に孤立している人がどの程度いるかなど，実態がわからないと対策を講じることができません。

　そこで，先行研究を参考にすると，社会的孤立は，①会話頻度が低いこと，②困ったときや悩み事などについて「頼りになる人」がいないこと，③手助けする相手がいないこと，④団体やグループの活動への不参加，といった点から測定されています。

　このうち，③の「手助けする相手がいないこと」を，社会的孤立の測定指標にしている点は興味深いですね。「頼れる人がいない」ということだけでなく，「頼ってくれる人がいない（手助けする相手がいない）」という点も社会的孤立の重要な指標です。生活困窮者支援を行う現場においては，生活困窮者が役割を得て他者への支援をすることが自己有用感につながり，再困窮化を防ぐ策になるといわれています。

　ここでは，国立社会保障・人口問題研究所（2019）『2017年 生活と支え合いに関する調査報告書』から，「会話頻度」と「頼れる人の有無」について世帯類型別に孤立状況をみていきましょう。

　まず，会話頻度をみると，高齢単身男性の15.0％が「2週間に1回以下」しか会話をしていません（表3-2）。また，非高齢（20〜64歳）の単身男性においても同割合が8.4％と高い水準です。一般に，現役期であれば職場における会話があるはずです。しかし，無職の単身世帯であれば，職場や世帯内での会話がなく，会話頻度が乏しいことが推察されます。

　次に，「頼れる人の有無」をみると，「（子ども以外の）介護や看病」については，「高齢の単身男女」「非高齢の単身男性」「ひとり親世帯」の4割以上が，「頼れる人がいない」と回答しています。また，「日常生活のちょっとした手助け」については，「高齢の単身男性」の30.3％，「非高齢の単身男性」の22.8％，「ひとり親世帯」の11.5％が，「頼れる人」がいない状況です。

　総じてみると，「高齢期及び現役期の単身男性」と「ひとり親世帯」が，他の世帯類型よりも孤立に陥りやすいことが推察されます。なお，同じ単身世帯

表 3-2　世帯類型別にみた社会的孤立の状況（2017 年）

（単位：％）

| | | | 会話頻度 | 頼れる人がいない | |
			2 週間に 1 回以下	子ども以外の介護や看病	日常生活のちょっとした手助け
単身世帯	高齢者	男性	15.0	58.2	30.3
		女性	5.2	44.9	9.1
	非高齢者	男性	8.4	44.3	22.8
		女性	4.4	26.4	9.9
夫婦のみ世帯	夫婦とも高齢者		2.3	30.6	6.9
	夫婦とも非高齢者		1.1	22.0	6.6
3 世代世帯（子どもあり）			0.5	18.8	3.0
2 世代世帯（子どもあり）			0.6	21.6	5.1
ひとり親世帯（親と子から構成）			1.8	41.7	11.5

（注）　1.　高齢者は 65 歳以上，非高齢者とは 0〜64 歳の世帯員をいう。また，「子ども」とは，20 歳未満の世帯員をいう。
　　　　2.　網掛け部分は，各項目の上位 3 位。
（出所）国立社会保障・人口問題研究所，2019，『2017 年社会保障・人口問題基本調査 生活と支え合いに関する調査報告書』により，筆者作成。

でも，女性の孤立状況は男性ほど悪化していません。この背景には，単身女性は別居家族との関係をもつ人の比率が高いことに加えて，高齢の単身女性は「近所」，現役期の単身女性は「友人」とのつながりをもつ人の比率が，男性よりも高いことがあります。

3　社会的孤立は問題なのか

　では，社会的孤立は，問題なのでしょうか。近年，1 人の時間を楽しむ効用や，孤独は成熟した人間が到達できる境地であることなど，「孤独」をプラス・イメージで捉える啓発書が複数出版されています。確かに，1 人でいる時間は貴重です。しかし，人は 1 人では生きられません。1 人の時間を楽しむ前提として，他者とのつながりが必要になります。先ほど指摘したとおり，本章で取り上げているのは，「孤独感」といった主観的な状態ではなく，他者とのつながりの欠如といった「客観的な状況」です。それでは，他者とのつながりが乏しいこ

とには，どのような課題があるのでしょうか。

日常的なサポートの欠如

第1に，社会的孤立に陥ると，緊急時や日常生活において必要なサポートを得ることが難しい点が挙げられます。前節では，単身者について「介護や看病について頼れる人がいない」「日常生活のちょっとした手助けについて頼れる人がいない」と回答した人の割合をみました。これら以外にも，身体機能や判断能力が低下した際に，病院同行や買い物などの「生活支援」や，入院時に病院から「身元保証」を求められた場合に頼れる人がいないという課題もあります。さらに，死亡後の葬儀や家財処分を託せる人がいないという「死後事務」に関する課題もあります。

家族と同居する高齢者であれば，こうした生活支援，身元保証，死後事務をさほど心配する必要はありませんでした。多くの場合，家族が対応すると考えられてきたためです。しかし，身寄りのない単身者は，対応してくれる家族がいません。頼れる友人・知人がいればいいのですが，必ずしも，頼れる友人や知人がいない人も少なくありません。今後は，未婚化の進展に伴い，未婚の単身者が増加していくことが考えられます。身寄りのない単身者が増加する中で，どのように必要な支援を提供していくか，という点が課題となります。

生きる意欲や自己肯定感の低下

第2に，社会的孤立は，生きる意欲や自己肯定感の低下を招く側面がある点です。たとえば，内閣府が2014年に1人暮らし高齢者を対象に行った調査をみていきましょう（内閣府『平成26年度一人暮らし高齢者に関する意識調査結果』2015年）。この調査は「自分の現在の状態は，まったく価値のないものと感じるか」を尋ねています。自分のことを「まったく価値のないものと感じる」と回答した単身高齢者の割合を，会話頻度別にみると，「毎日会話する人」は7.5％，「1週間に1〜3回」では15.3％，「1カ月に1〜2回」では18.3％，「ほとんど話をしない」では23.1％となっています。つまり，会話頻度が少ない人ほど，自己有用感が低いことが示唆されています。

また，上記の項目も含めて，5つの抑うつ度指標から，会話頻度別の抑うつ

度（0～5 点）の平均点をみると，「毎日会話する人」は 0.99 点，「1 週間に 1～3回」では 1.45 点，「1 カ月に 1～2 回」では 1.75 点，「ほとんど話をしない」では 1.99 点となっています。会話頻度の低い人ほど抑うつ傾向が高いことが示されています。

　そして，政府の「平成 28 年自殺総合対策大綱」をみると，「生きることの阻害要因」として，孤立，いじめ，過労，生活困窮，育児や介護疲れなどが挙げられています。その一方で，「生きることの促進要因」として，自己肯定感，信頼できる人間関係，危機回復能力などが挙げられています。他者との関係性の欠如は，自己肯定感や信頼できる人間関係を低下させて，「生きることの促進要因」を失っていくことになります。

　余談になりますが，米国のハーバード大学の研究者が「幸福で健康な人生を送るには何が必要か」をテーマに行った研究があります（2015 年 11 月 TED でのロバート・ウォールディンガー教授による講演）。この研究は 1938 年に始まり，当時のハーバード大学 2 年の男子学生と，ボストンの貧しい環境で育った少年たちの合計 724 名について，75 年間にわたり，1 年おきに面接などの追跡調査をしたものです。

　そして，この研究結果は，「幸福で健康な人生に必要なのは，富でも名声でもなく，人とのつながりである」ということでした。家族，友人，コミュニティとのつながりをもつ人ほど，幸せで健康な人生を送っていることや，つながりの質が大切だということが指摘されています。他者とのつながりが，生きる意欲や自己肯定感を生み，それが幸福につながっているのではないかと思います。

経済的困窮との関連

　第 3 に，社会的孤立は経済的困窮とも密接に関連している点です。国立社会保障・人口問題研究所（2019）『2017 年 生活と支え合いに関する調査報告書』によれば，所得分位（世帯規模を調整した等価可処分所得の分位）別に，会話頻度が「2 週間に 1 回以下」の人の割合をみると，高所得者（所得上位 10%）では0.6%にすぎないのに対して，低所得者（下位 10%）では 7.5%にのぼっています。さらに，「（子ども以外の）介護や看病で頼れる人がいない」と回答した人の割

合は，高所得者（上位10％）では21.2％なのに対して，低所得者（下位10％）では40.4％になっています。社会的孤立と経済的困窮が同時に起こる傾向がみられます。

　また，近年の研究では，社会的孤立と不健康との関連性も実証的に分析されています。社会的孤立，経済的困窮，不健康の関連性が強ければ，個人の力でこうした状況から抜け出すことは難しいと思います。他者とつながりをもつことが大切になります。

4　社会的孤立に対する伴走型支援の意義

　社会的に孤立する人が増えていく中で，新たな相談支援のあり方として，伴走型支援の重要性が指摘されています。たとえば，厚生労働省の地域共生社会推進検討会は，2019年12月に「地域共生社会」の構築を唱え，今後の専門職による相談支援として，従来の「課題解決を目指すアプローチ」（課題解決型支援）とともに，「つながり続けることを目指すアプローチ」（伴走型支援）を挙げて，「支援の両輪」と指摘しています。

　では，伴走型支援は，これまでの課題解決型支援と比べて，どのような特徴があるのでしょうか。また，なぜ伴走型支援は，社会的孤立に対して有効なのでしょうか。以下では，伴走型支援を提唱してきたNPO法人抱樸の奥田知志らが執筆した報告書（NPO法人ホームレス支援全国ネットワーク編『伴走型支援士認定講座テキスト』2017年，第1章，4-63頁）に基づいて，伴走型支援の特徴を整理したうえで，社会的孤立に対する伴走型支援の意義を考察していきたいと思います。

伴走型支援の特徴

　伴走型支援の特徴として，「伴走型支援の困窮概念」「伴走型支援の目的」「伴走型支援の2つの対象」「互助的関係」「伴走型支援の終わり」について述べていきます。これらは，奥田氏が想定する「伴走型支援の十の基本理念」の中から，いくつかの理念を抽出して整理したものです。

① 伴走型支援の困窮概念

　伴走型支援は、「生活困窮」を、経済的困窮のみならず社会的孤立からも捉えている点が1つの特徴です。この背景には、伴走型支援がホームレスへの支援活動の中で培われてきたことがあります。たとえば、生活困窮者が生活保護受給等の経済的支援を受けたり、就労支援を受けて働けるようになっても、他者との関係性が乏しいままであれば、再び貧困に戻ってしまう事例が多数あったと報告されています。

　なぜ貧困に戻ってしまうのでしょうか。さまざまな要因があるのでしょうが、他者との関係性がなければ「何のために生きるのか」「誰のために働くのか」という点について意義を見出しにくいことが一因ではないかと思います。伴走型支援は、現代社会の貧困が「経済的な貧困」のみならず「関係性の貧困」も大きな課題になっていることを正面から捉えています。いわば、伴走型支援は「人丸ごとの包括的支援」であり、その人の生き方や人生の価値といった本質的部分も含めた支援になると指摘されています。

② 伴走型支援の目的

　伴走型支援の目的は、「伴走すること」それ自体にあります。課題解決型支援が、課題解決を目的にしているのに対して、伴走型支援では、伴走自体が目的となっています。

　伴走型支援では、困窮者にとって「相談できる相手」の存在が重要です。困窮者は、伴走者との「対話的関係の中で、自らの人生の意義を模索し、たとえ不安定な状況が払拭できなくても生きる価値を見出すこと」を目的としています。

　また、伴走型支援は、人が自分の物語を物語ることができるための支援とも指摘されています。社会的に孤立する人は、過去の記憶が痛みを伴い、また、痛みの原因がはっきりしないこともあります。しかし、他者が関わることで、困窮や痛みが起こったことの意味を人生の物語の中に位置づけられれば、痛みは緩和されていくと考えられています。

　そして、伴走型支援は「人は1人では生きられない」という人間観に立って、相互に依存しながら生きていける社会を健全だと考えています。「独り立ちを目的にした自立支援」との違いです。

③ 伴走型支援の２つの対象——「対個人」と「対社会」

　伴走型支援では，経済的困窮や社会的孤立の要因を，個人の課題とのみ考えず，社会的要因にも求めています。伴走する中で，困窮の要因を社会経済から捉え直して，個人が自己責任を果たすために，社会がその前提を整備していくように働きかけていきます。そして，困窮者を生み出す要因が地域にあるのならば，困窮を生まない地域を創造する必要があります。伴走型支援は，「対個人」のみならず，「対地域・対社会」の取組みを行います。

④ 互助的関係性

　伴走型支援は，支援を受けない状態をゴールとするのではなく，支援を受けた者が支援をする側に変わるなど，互酬的関係になっていくことをめざしています。他者との関係性の中で生きる力を醸成し，その一方で，自らも社会的役割を果たしていくことで自己有用感を確保していくことをめざしています。

⑤ 伴走型支援の終わり

　伴走型支援は，「出会いから看取り」までを想定します。具体的な問題を抱えた急性期においては，伴走型支援員による密度の濃い伴走が行われます。次の段階では，伴走型支援員は地域生活の整備に重点が置かれます。そして，伴走そのものが，地域とそこに暮らす人々に委譲されていきます。伴走型支援が最終的にめざすのは「何気ない日常」であり，専門家の手を借りずとも，「支え－支えられる」というお互い様の関係です。

社会的孤立に対する伴走型支援の意義

　では，上記の特徴をもつ伴走型支援は，社会的孤立に対して，どのような意義を有するのでしょうか。すでに，伴走型支援のいくつかの意義は上記で指摘しましたが，以下では，「課題認識と生きる意欲の醸成」「家族機能の社会化」を取り上げて，伴走型支援の意義を示していきます。

① 課題認識と生きる意欲の醸成

　社会的に孤立している人は，自らが抱える課題について認識していないことが多いといわれています。なぜなら，自らの状況を認識するためには，他者の存在が必要なためです。他者の存在が，自らを映し出す鏡となって，自己を知ることが多いのではないでしょうか。

社会的孤立に対して課題解決型支援に限界があるのは，この点ではないかと考えています。つまり，課題解決型支援を行うには，まずは本人が自らの課題を認識している必要があります。しかし，孤立している多くの人は，他者との関わりがないために，自らの課題を認識できていません。この点，伴走型支援は，社会的孤立に陥っている人が伴走者と関係を築くことによって，自らの鏡となる存在を得ていくことになります。伴走型支援では，時間をかけて課題を解きほぐし，関係を築く中で，別の展開が始まることを待ちます。これが，つながり続けることの意味だと考えています。

　下記のコラムは，ひきこもりの若者を支援するNPO法人遊悠楽舎代表理事の明石紀久男さんが執筆したものです。ここには，伴走型支援という言葉は使われていませんが，伴走型支援の重要な意義が示されているように思います。

本人の「生きる」と，支援者の「わたし」

明石紀久男（NPO法人遊悠楽舎代表理事）

　つい「問題」に目を奪われて，頭が勝手に「解決」という幻想に向けて，妄想を始めてしまう。その時「わたし」は「その人」の想い・気持ちに触れていない。

　「問題」を「解決」したい，「わたし」になっている。

　「問題」に向かうのは「その人」の気持ちの在り様にあるのに，そのことをすっかり忘れて，問題解決のための制度や方法，段取りを考え始め，「わたし」は「その人」から遠く離れてしまっている。

　そして多くの場合「わたし」はそのことに気付いていない。

　「わたし」が善かれと思う方向は「わたし」が置かれている状況・環境・関係の中で感じ，考えている「善かれ」であって「その人」にとっての「善かれ」からは程遠く，「わたし」の価値観，つまりものの見方を押し付けるものになってしまっている。

　ひきこもっている人「その人」が何を望んでいるのか。実は本人もわからなくなっているということも多いのではないか。それを勝手に決め付けることは間違いだろう。

　本人が，いまのひきこもり状態を続けることをしっかり肯定して，その

ためにどうすることが必要なのかを一緒に考える。

　「わたし」は悩みを本人にきちんと返し，何をどうしたいのか，どう生きたいのか，どう悩み，迷い，いまどこに在るのか，をじっくり聴き込み，教えてもらえる関係をつくることができるのか。

　悩む「あなた」と生き合おうとする存在であるのかを，「わたし」は問われることになる。

　親御さんが望んでいる姿，そして支援者が望ましいと考える姿，どちらの在り様も，本人とはずれてしまっている。

　ひきこもる，その人の「生きる」はその人のものであり，誰かがどうにかできるものでも，どうにかするものでもないでしょう。

　本人の「生きる」を，きちんと本人に返す。すべての選択は本人がすることです。

　その選択を応援し，選択されたもの・ことの実現のための応援こそが，「わたし」たちの手伝わせてもらえることなのではないでしょうか。

（出所）　一般社団法人インクルージョンネットかながわ『生活困窮者自立支援のための中高年齢化するひきこもり者とその家族への支援ハンドブック』平成28年度厚生労働省社会福祉推進事業，2017年3月，13頁。

　ひきこもっている人が何を望んでいるのかは，「実は本人もわからなくなっているということも多い」のでしょう。そのために，伴走型支援員は「何をどうしたいのか，どう生きたいのか，どう悩み，迷い，いまどこに在るのか，をじっくり聴き込み，教えてもらえる関係をつくること」が重要だと指摘しています。そして，伴走の期間は，数年以上かかることも珍しくないといわれています。伴走者との関係性を構築していくことによって，本人が自らの課題を認識して，生きる意欲を回復することにつながっていくように思います。

　やがて本人が課題を認識したとき，伴走型支援は課題解決型支援と一緒に行っていくようになると考えられます。伴走型支援と課題解決型支援は対立するものではありません。

　そして次の段階になると，伴走型支援では，本人が地域で生活していけるように地域生活の整備に重点が置かれ，伴走は地域とそこに暮らす人々に委譲されていきます。

② 家族機能の社会化

もう1つ、伴走型支援で重要なのは、家族が担ってきた役割を社会化して、家族機能を社会化していく点です。奥田氏は、「家族機能の社会化」として、①家庭内サービス提供機能（包括的、横断的、持続的なサービスの提供）、②記憶の蓄積とそれに基づくサポートの実施、③家族（家庭）外の社会資源利用のための持続性のあるコーディネート機能（つなぎ・もどしの連続的行使）、④役割付与の機能（自己有用感の提供）、⑤何気ない日常の維持（葬儀まで）、の5つの機能を挙げています。

これまで家族は、教育や介護や家事など、日常的なサービスを包括的に横断的に提供してきました。もちろん、すべてのサービスを家族が直接提供するのではありません。たとえば、病気になれば、医療機関につないでいきます。

伴走型支援でも、伴走者が直接的にサービスを提供するというよりも、外部機関につないでいくコーディネート機能を担います。重要なのは、単につなぐだけではなく、そのサービスが本人にとって不適切であれば、伴走者のところに「もどす」ことです。伴走型支援では、生涯を通じて「つなぎ」「もどす」ことが行われます。コーディネートする伴走者の機能は、地縁、血縁、社縁に続く「第4の縁」と考えられています。そして、本人が亡くなったときには、葬儀を行います。伴走型支援は、赤の他人が葬儀をする社会をめざしています。

このように伴走型支援では、孤立する人に対して、必要な支援を包括的・継続的にコーディネートする機能を担います。そして、人生の最期まで関わります。家族機能を代替して、包括的な支援を継続的にコーディネートすることも、伴走型支援の重要な意義だと考えられます。

5 おわりに

以上のように、伴走型支援では、社会的に孤立する人に対して、つながり続けることを目的として、伴走者が生活困窮者にとって信頼できる「他者」となっていくことをめざします。伴走者が本人の課題を映し出す「他者」となることで、本人が自分の課題を認識し、生きる意欲や自己肯定感を回復させていき

図3-4　ライフエンディング支援機関の概念図

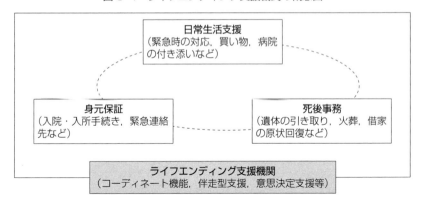

（出所）　藤森克彦・ライフエンディング支援研究会「身寄りのない単身高齢者に対する『人生の最
　　　終段階における包括的支援機関』の構築について──ライフエンディング支援機関の構想」日本
　　　生命財団40周年記念特別事業高齢社会助成委託研究事業『地域共生社会の実現にむけた地域包
　　　括支援体制構築の戦略──0歳から100歳のすべての人が安心して暮らせる地域づくりをめざし
　　　て』研究事業報告書，日本福祉大学受託調査，2020年3月。

ます。さらに伴走者が家族機能を代替して，コーディネート機能を発揮するこ
とで，日常生活において必要なサポートを提供していきます。

　今後も未婚化の進展に伴って，孤立する単身者は増えていきます。こうした
中，孤立する単身者に伴走し，日常生活を含め，家族が担ってきた支援などを
継続的・包括的にコーディネートする機関が各地で求められていると思います。

　筆者は，勤務先の大学がある知多半島をフィールドにして，知多地域の自治
体，社会福祉協議会，NPO法人の職員や大学研究者の方と，人生の最終段階
において，生活支援や死後事務などのサービスをコーディネートし，人生の最
期まで責任をもって伴走していく包括的な支援機関（ライフエンディング支援機
関）の構築を提言しました（図3-4）。

　身寄りのない人が増える中で，新たな支え合いに向けた取組みをそれぞれの
地域で考えていく必要があると思います。

第II部

人と地域に伴走する支援

第4章

伴走型支援と地域づくり

住民とともにつくる伴走型支援

勝部 麗子

Profile ─────────

　社会福祉法人豊中市社会福祉協議会福祉推進室長。1987年，豊中市社会福祉協議会に入職。2004年に地域福祉計画を市と共同で作成，全国初のコミュニティソーシャルワーカーになる。地域住民の力を集めながら数々の先進的な取組みに挑戦。その活動は各地の地域福祉のモデルとして拡大展開されてきた。独身で無職の中年の子が，同居する親に生活費を頼るうち社会から孤立する現象を「8050（ハチマルゴーマル）問題」と名づけ，支援を呼びかける。著書に『ひとりぼっちをつくらない──コミュニティソーシャルワーカーの仕事』全国社会福祉協議会，2016年など。

1 コミュニティソーシャルワーカー事業で見えてきた社会的孤立

はじめに

　伴走型支援は，生活困窮者自立支援法のスタートにより，その重要性が問われるようになりました。ここでは，地域で孤立させない伴走型支援における専門職の関わりと，地域住民とともにつくっていく伴走型支援の地域づくりのあり方について，豊中市社会福祉協議会の実践をもとに紹介します。

人間関係の貧困＝社会的孤立

　地域には，「助けてください！」と声を上げることができない当事者がたくさんいます。その背景には，現代の日本社会が抱える「2つの貧困」があります。1つは経済的な貧困で，もう1つが人間関係の貧困＝社会的孤立です。現在，経済的貧困に陥る人は同時に孤立している場合が多くなっています。自分だけで問題を抱え込み，誰にも相談できないまま深刻化するケースが増えているのです。

　2004年に全国で初めて大阪で始まったコミュニティソーシャルワーカー（CSW）によって，ゴミ屋敷，ひきこもり，生活困窮などのいわゆる「制度のはざま」の課題が見えてきました。ゴミ屋敷，子どもの貧困，ひきこもり，8050問題，アルコール依存など，どの問題も経済的困窮だけの問題でなく，人間関係の困窮という側面を含んでいます。

　私たちはこれらの状況を「人間関係の貧困＝社会的孤立」と表現しています。経済的困窮だけであれば，給付であったり，貸付けなどで解決していくわけですが，社会的孤立となると人間関係が貧困になっているわけですから，SOSが出せなかったり，相談できる相手がいなかったりします。そのためこういう状態の人を支えていくためには，本人のまわりに相談したり，支えたりする人を増やしていくことが大切です。この取組みは個人に寄り添う個別支援を通じて，本人を支える地域づくりを併せて行うという方法で，「断らない福祉」として生活困窮者自立支援事業の開始とともに全国に広がりました。

2 そもそも SOS を出せない人たちと どうつながるのか

　措置から契約へと福祉制度が大きく変化したことで，SOS を出さない人やサービスを拒否する人，「困り感」のない人が制度につながらず取り残されています。従来ならこれらの課題は家族や親戚，知人などが心配し，相談に来たり，サポートしていたわけですが，近年は核家族化が進み，単身化が進み，自分の力だけでは制度につながれない人も多く存在しています。

　豊中市社会福祉協議会では，阪神淡路大震災をきっかけに，小学校区単位に校区福祉委員会で見守り活動を展開し，地域で困っている人を発見していく取組みを行ってきました。さらには，地域の困りごとを相談できる「福祉なんでも相談窓口」を設置しました。本人から相談ができない場合は心配する近隣の方に相談に来てもらうなど，SOS を出せない人をキャッチしていく仕組みです。さらには，マンションの管理組合の交流会などを開催して，自治会がないマンションでの相談事に連携していくことも進めています。

　2014 年からは，「見守りローラー作戦」ということで，自治会に入っていない地域や管理組合のない集合住宅などを対象に，エリアを決めて民生委員や校区福祉委員，地域包括支援センター，市社会福祉協議会などが一緒に全戸訪問を始めました。

　きっかけは，ある地域の 8050 問題の孤立死でした。この親子の死をきっかけに，地域住民や民生委員がどうしたらこのような悲劇をなくせるかを話し合いました。地域を本当に全件把握することは，人口流動の激しい都市部においてはとても困難です。そこを「1 人も取りこぼさない」をモットーに見守りを始めたのでした。これは根掘り葉掘り話を聞き出すというよりも，相談窓口を紹介していくということが目標です。100 軒くらい回ると 5 件くらいは心配な世帯と出会います。こういう中から，新しいつながりも構築していきます。地域の発見力と，丸ごと支援する解決力を両輪として，さまざまな問題解決をしてきました。

　しかし，地域には二面性があります。本人のことを理解できると地域は優し

いのですが，理解できない場合は厳しく排除する側面があります。一般論であれば排除してしまう。しかし，その人自身の境遇や背景を知る中で，誰にでも起こりうる可能性がある社会であるという「我がごと感」をいかに広げられるのか。「一番厳しい人を見捨てる社会はみんなが見捨てられていく可能性のある社会につながっている」という視点を，地域へ発信していくことが大切だと考えています。「知ることによって優しさが生まれる」。その人の背景がわかれば，もっと地域は優しくなれます。そのためにも，専門職の地域への働きかけが重要になっていきます。

3　地域住民とともにつくる伴走型支援
——個を支えることと地域づくりを一体的に

アルコール依存

　脳梗塞の後遺症で半身まひとなった50代のAさんは，仕事を続けられなくなり退職。同居していたご両親も相次いで亡くなり，1人暮らしになり，その後Aさんは自暴自棄となって，自宅にひきこもって酒におぼれた生活をしていました。近隣の人たちは，彼を「困った人」とみていました。

　ある日，Aさんが家の中で倒れているのを近所の人が発見し，コミュニティソーシャルワーカーに連絡が入りました。訪ねてみると，家にはゴミがあふれ，孤独感と将来への絶望から，自暴自棄になっていました。地域のボランティアと早速片づけることにしました。そして生活再建のため，介護保険サービスを利用し，ヘルパーに定期的に来てもらうことになりました。しかし，Aさんが絶対にヘルパーを家に入れようとしないので，困り果てたケアマネジャーから，再度コミュニティソーシャルワーカーに相談が入りました。「なぜ，サービスを受け入れて生活改善を図らないのですか」と私が聞くと，Aさんは「会社を起業したい。人の役に立ちたい」と話したのです。

　半身まひになっても，Aさんはまだ50代。働かずにヘルパーの世話になりながら暮らしていくことに，抵抗感をもっていたのです。しかし，事業を起業するという希望は，これまでの彼の暮らしぶりからとても想像できないもので

した。これまで協力してくれる人はいなかったといいます。私たちは考えた末，本人の意思を尊重し，Ａさんの夢に協力することを約束しました。それから，Ａさんの就労に向けた支援が始まったのです。

　起業するには，まずお酒を断つ必要がありました。そしてＡさんは定期的に居場所に通い，パソコン作業などをしながら生活習慣を整えていきました。働く目標ができると，本人はお酒を飲まなくなり，本格的な就職に向けた支援が始まりました。しかし，50代で身体障害もあるＡさんの就職への道のりは厳しいものでした。そのような中で，またＡさんは自暴自棄になってアルコールに手を出してしまうのです。周囲の人たちは，再三繰り返されるアルコールへの依存にほとほと手を焼き，支援の輪から離れていく人もありました。

　アルコール依存は人間関係を切っていく病気です。そして孤立していきます。だから人の輪でしか解決が図れないのです。いつも本人のやり直したいという気持ちを確認し，支援を続けました。そしてやっと，週4日の仕事に就くことができたのです。就職が決まった日，Ａさんの頑張りを見守ってきた地域の人たちが，手づくりの料理で就職祝いをしてくれました。その中には，はじめは彼を「困った人」とみていた人もいましたが，やがて頑張り続けるＡさんを応援する人に変わっていました。Ａさんは，地域の温かな人たちに見守られながら，1人暮らしを続けることができました。

　私は，本人を支えることもさることながら，地域の人たちがＡさんのような人たちを排除するのではなく，支えてくれる優しい地域になることこそが，大切なのだと考えるようになりました。このように人生をあきらめかけている人（セルフネグレクト）を目の前にして，私たちが先にあきらめてしまうと彼らの未来が途絶えてしまうので，私たちはあきらめるわけにはいきません。人間関係の貧困に対しては，その人を徹底的に信じる最初の1人になることが大切であり，尊重こそが本人の自尊感情を引き出していくのです。さらに，これらの取組みを地域へ発信しながらつながりづくりを行い，本人の支援を通じて本人を支える人間関係を増やしていくことが大切です。

ゴミ屋敷

　Ｂさん（67歳）は，片づけのできない，いわゆるゴミ屋敷状態で猫と暮らす

1人暮らしの女性です。4年前に引っ越してきたのですが，その後どんどん物が増え，悪臭と外観で近隣からの苦情が続いていました。ある日，近隣住民Cさんから小学校区内にある「福祉なんでも相談窓口」に苦情が入ったことで，コミュニティソーシャルワーカー（CSW）に連絡が入りました。

Bさんは訪ねても留守が多く，なかなか会うことがかないませんでした。唯一Bさんと話のできる住民D（市社会福祉協議会のボランティア）に協力を依頼して，本人の様子や手掛かりを把握することとしました。

会えないときには「心配している」ことを伝えるために名刺の裏にメッセージを残し，何度も訪問途中で出会うことを願いました。

そんな日が半年も続いたある日，Bさんと家の前でばったり会うことができました。何度も訪問していたことから，名刺を差し出すと，名刺を郵便受けに入れていたと見せてくれました。ゴミの話からではなく，本人の話をしていくうちに，Bさんは食品関係の仕事で各地のスーパーに派遣で出ることが多いことがわかってきました。最近足が痛く，引きずっていることも。もともと片づけができず，以前住んでいた家でも火事を起こしたそうです。通帳や印鑑の場所がわからず，電気代も払えていないことで，夜になると真っ暗な部屋で猫と一緒に寝ているとのことでした。

生活費の問題や体調の話を聞く中で，裏庭の大量のゴミについての相談がありました。捨てるのにお金がかかるのかと。そこで民生委員の助け合い資金があり，ゴミの片づけを手伝うことを提案し，処理費用は助け合い資金で賄えることを話すと，本人の顔が明るくなりました。

それから，関係者を集め，福祉ゴミ処理プロジェクト会議を開催しました。会議には，Bさんの年齢が67歳であったことから，地域包括支援センター，臨時ゴミとしてゴミを運搬いただくために環境部，ゴミ処理費用を提供いただくために担当民生委員，福祉なんでも相談で相談を受けた民生委員，近隣住民Dさん，そしてCSWで集まりました。ゴミの片づけの人員を確認し，日程を決めて，費用負担を確認し，Bさんの課題を話し合いました。ゴミを片づけた後，Bさんをどのように支えていくのかもあらかじめ検討しました。生活費については，CSWが検討し，地域包括支援センターを中心に通院やサービス導入についても検討しました。

何度かのキャンセルが続いた後，ようやく片づけ当日を迎えました。ゴミの片づけの中でBさんの生活歴を聞き，貯金があるものの下ろすことができないでいることがわかりました。その後，三度の片づけを実行する中で，病院につながり難病を抱えていることもわかり，介護サービスを導入し，片づいた家で地域ボランティアの協力で家具を整えたり，カーテンをつけたりとインフォーマルなたくさんの支えも得て，彼女の家には電気が通り，明るい部屋での生活が実現したのです。

8050問題

コミュニティソーシャルワーカーとして出会った，印象的な事例の1つが「30年のひきこもり」でした。80代の父親から，息子の家庭内暴力についての相談がありました。

息子は高校入学直後から社会とのつながりが途絶え，仕事にも就けないまま30年が経過していました。父親は，家庭内で暴力を振るう息子を力で制していましたが，高齢になると力関係が逆転し，体力的に息子にかなわなくなり，困り果てて相談に来たのでした。父親は自分の育て方が悪かったのではないかと自問自答を繰り返し，誰にも相談できずに過ごしてきたといいます。

「どうして今まで相談に来なかったのですか」と聞くと，「どこに相談していいのかすらわからなかった」「息子が相談を希望していないので，どこにもつながることができなかった」と。「私たちは，コップに水がいっぱいたまっていることと同じ状況なんです。動かす（＝変化する）と水がこぼれるので動かさないことが一番安心になってしまうんです」。

なぜ，相談に来られないのか。ここには，親の社会的孤立があります。多くの親が，自分の育て方が悪かった（自己責任）と思い込んでいることから，近所の人たちに「お宅の息子はどうしているの？」と問われたくない。そこで多くの場合，近所付き合いを拒むようになります。親戚付き合いもやめてしまいます。誰にも相談できない状態で，変化を起こさないということが続けば，この状態は当然長引くわけです。さらに，多くの家族が何らかの相談窓口に相談していても，稼働年齢層のひきこもりについての理解は専門職に不足していて，とくに年齢が上がれば上がるほど中高年のひきこもりについては，当事者，家

族のニーズとミスマッチの対応をされることも多く，相談が継続されないできたといいます。当事者家族からみれば，ソーシャルネグレクト（＝社会からの排除）と受け止められてきたようにも思います。

　まず取り組んだのは，2009 年から始めたひきこもりなどの家族交流会でした。親の育て方に苦しむ姿をたくさんみるようになったからです。同じ悩みをもつ親たちをエンパワメントする取組みでした。定員をはるかに超える参加者の数に，課題の深刻さを改めて思い知りました。とくに80 代の親たちも参加されており，ひきこもり状態は 30 年に及ぶ方たちもおられました。これが8050 問題との出会いでした。交流会を始め，2 年が経過したところで，毎月自主的に集まる「一歩の会」が結成されました。当事者同士が集まることで，自分を責めてきた親たちが自分 1 人の育て方が悪いのではないということに改めて気づき，社会的な課題であることに気づいていきます。

ひきこもり支援──スカウトするアウトリーチ

　ひきこもりの相談が，親や親戚から相談が入る場合がほとんどです。自らSOS を出すことはありません。そのため，親の会をつくって悩みの交流はできても，解決することができないのです。要は，本人が希望しても出ていく先がないという声が圧倒的でした。

　ひきこもりは状態ですから，それぞれ背景も状況も趣味も特性も異なることから，一律にステレオタイプで支えていくことは困難です。あるとき，就職氷河期の娘が家にひきこもりがちでどうしたらいいのか悩んでいるという相談が母親からありました。

　どんな方なのかをお聞きすると，美術大学を卒業したということです。家庭訪問を約束し，家に行くと本人は嫌な顔で目も合わせてくれません。「美術大学を出たということだったんだけどいったい何を専攻していたんですか」，と尋ねました。彼女は「コミックです」と。「実は，漫画の本を出版したかったので協力してもらえないですか」と私は問いかけました。彼女は，私を支援に来る嫌な人だと思っていたらしいのですが，漫画家を夢見ていたところスカウトに来られ，本人は嬉しかったけど嬉しい顔はしてやるまいと思ったそうです。それがきっかけで，彼女は家以外の居場所として，私たちの運営する「びーの

びーのプロジェクト」という居場所に来ることになりました。

　きっかけは本人の得意なことから始まります。詩が書ける人には「詩集を出したい」、折り紙が折れる人には「Youtube に出演しないか」、なぞなぞが得意な人には「本をつくろう」、手づくりが得意な人には「手芸をやろう」、楽器が得意な人には「演奏しよう」、と本人の得意なことや好きなことが社会の役に立つことを提案し、一歩ずつ成功体験を積み重ねていきます。

　さらに、定期的に通える場をつくることで、ひきこもり状態だった人が、一方的に何かの支援を受けるのではなく、働いて自分でお金を稼ぐ経験ができるようになるというのは、とても大事なことです。びーのびーのでは、農業に取り組んだり、パソコンでチラシやパンフレットをつくったり、手づくりで仕上げたものを販売しています。自分たちでものをつくり、売ってお金を得て、それを分配するという形です。ただ、それだけでは、限られた居場所の中で限られた人と関わるだけになり、いわば保護された空間の中での活動にとどまります。

　そこからもう一歩先に踏み出し、実際に社会に出て、社会の中のいろいろな人たちと関わりながらお金を得る。そういう「就労体験」の場を設けていくことも大切だと考え、これまで取り組んできました。

　若さや真面目さ、手先の器用さ、感性の豊かさといった 1 人ひとりの長所を生かし、地域で担い手があまりいない仕事を担わせてもらうことや、新しい活動を生み出す中で、実際に社会の役に立ったり、他人から褒められるという経験ができていきます。そういう経験を積み重ねていくと、だんだん本人たちも、仕事というものをそれぞれのイメージとして捉えられるようになっていきます。さらに仕事を通じて他人と関わっていく中で、コミュニケーションも取れるようになっていきます。そして、やがては就労準備に入り、いよいよ就職活動をめざすところまで自信を取り戻すことができるのです。

　ひきこもりが長期にわたる場合、社会とのつながりが消えている期間が長いので、自分への肯定感や有用感（＝役に立てるという気持ち）が弱くなっています。他人から褒められたり、他人に頼りにされたり、感謝されたりする中で、本人の力がだんだん蘇っていけるようエンパワメントしていく。そういうことが自信につながり、世の中にもう一歩出て行こうという気持ちを培っていくことに

なるのだと思います。一人前の仕事ができるようになったら，そのままそこで雇用してもらう場合もありますし，同じような仕事を自分で探して就労する場合もあります。こうして支える人や資源が地域に広がっていくのです。

ホームレス支援

　コロナ禍で外出自粛が続いた2020年5月，民生委員から朝のラジオ体操のときに公園にホームレスが増えているという相談を受けました。早朝4時に職員とともに公園に行くと，1人の男性に出会いました。彼は，寝床を片づけ，人目を避けて，明るくなる前に移動の準備をしていました。私はマスクを手渡し名刺を渡しました。2月からサウナで泊まっていたが，緊急事態宣言でサウナも閉まり，行き場を失ったという話でした。図書館もスーパーもベンチもなくなり，ひたすら人目を避けて街を歩いている，と。差し出がましいかもしれないけれど力になりたいと話しましたが，背を向けて去ろうとしました。「必ず電話してくださいね」と言うと彼が名刺を探し始めたので，もう1枚の名刺の裏にメッセージを添え手渡し，握手を求めました。彼は涙ぐみ，背を向けて立ち去っていきました。この場に来られなくなったらどうしよう。いろんな思いが交錯しましたが，その後公園でたくさんのホームレスの人と出会うことになりました。

　翌日，公衆電話から本人の声が。「3カ月誰とも話すことがなかった。人として接してくれたのが初めてだった。あんな時間に来てくれたということはいつから自分のために動いてくれたのかと考えたとき，失礼なことをしたので謝りたい」と。すぐに，本人のいる場所に向かい出会うことができました。

　その後住宅設定をして訪ねると，男性は私の名刺をカードケースに入れてお守りのようにしているのを見せてくれました。就労支援や家具の調達，話し相手など，訪問する中で，彼は専門職にも地域にもつながりを取り戻し，笑顔をたくさん見せてくれるようになりました。彼は，就職の報告を命の恩人に一番に連絡したいと話してくれました。仕事の仲間や管理人さんとの関わりの中で，彼はもう1人ではなくなっています。

4 専門職としての伴走型支援と地域づくりの役割

1人も取りこぼさないという視点

「本人がサービスを拒否したら支援につながらない」「介護保険の対象でないから支援は無理です」といって「制度」で人を見るのではなく，困っている人を地域住民が自分ごととして発見し，見守っていく地域づくりこそが大切です。他人ごとを我がごととして考えていくためには，具体的な課題と出会っていくプロセスが大切です。

　地域に相談拠点を設けることや，自治会のない地域や集合住宅をローラー作戦で見守り活動を行う活動，マンションの管理組合の集まり，当事者組織などを通じて，地域課題を知ることから我がごと感を醸成するのです。その場をどう地域住民とともにつくっていくのか。そして住民が主体的に地域課題を発見していくこと。これらの取組みと専門職が協働することで，早期発見を行っていくことが必要です。

排除ではなく包摂の視点

　たとえばゴミ屋敷などの場合，地域が困っていても本人に困り感がない場合が多くあります。「本人を心配している」という姿勢を続け，とくに会えない人の場合は，徹底的なアウトリーチで本人に認識してもらえるようにしてタイミングを計ります。

　この際，近隣に情報を求めることも重要です。近隣の人はよく本人の動向を把握している場合が多いからです。地域の力を借りて，そこから本人支援のアセスメントを行っていくのです。ここで大切なのは，本人を支援することが目的でゴミを片づけるのであって，本人を排除するために関わるのではないということを，地域に説明していくことです。排除のために関わるのではなく，本人を地域の中で支えていく姿勢が問われます。

アウトリーチ

　本来，介護保険も生活保護も「助けてほしい」と本人が言ってきて支援する

のが申請主義の考え方であり，本人に困り感がない場合，支援拒否の場合も多く，SOS を出さない人へのアプローチは難しいです。CSW が訪ねていってもつながりにくいことが多々あります。「誰にも迷惑をかけたくない」「そもそも支援を求めていない」など，本人の気持ちはさまざまです。

　このような自分から SOS を出せない人には，どのようなアプローチがあるでしょうか。近隣に協力を得て情報を収集したり，家族と事前に話し合い，どうアプローチしていくのかをアセスメントしていきます。心配していることを伝えるために本人宅にアプローチしていきます。メモを入れたり，名刺の裏などにメッセージを添えてタイミングを計ったりなど，本人にとってつながる必要性を感じてもらえるような地道なアプローチが大切です。

「困った人」は困った問題を抱えている

　本人に出会えたとしても困り感がないことも多々あります。ゴミ屋敷の住人は，ADHD で片づけができない人であったり，認知症で片づけができなくなっていたりする場合もあります。見え方はゴミ屋敷であっても，実は片づけられない本人の課題があるのです。物がどこにあるかいつも悩んでいる人には，どこに何を整理したのか写真を撮って安心してもらうなどの丁寧な関わりや，時間通りに約束の時間に来られない人には，直前に連絡を入れたり，一緒に事務手続きをしたり，時間や空間など感覚がうまく理解できないことに着目し，本人の困り感にアプローチしていくことが必要です。まわりからの困り感と本人の困り感は違うことが多いのです。専門職は本人の困り感からつながることで，本人との信頼関係をつくっていく。ひきこもりの場合，本人の困りごとは就労より散髪だったり，歯医者だったりと，家族の思いと違う場合も多いので，本人の気持ちに寄り添うことで信頼関係を築くことが大切です。

本人を支える人を増やす

　支援を通じて本人と関わる人を増やしていくことも大切です。ゴミ屋敷の片づけを通じて，再度本人の課題のアセスメントを行っていくことができます。一見，地域から孤立しがちなゴミ屋敷の住人を地域のボランティアと一緒に支援していくことを通じて，その人の困り感を共有していくこと。また，ひきこ

もりの若者が，自営業のみなさんから就労体験をさせていただくことで，本人を支える人を増やし，地域住民とも専門職とも人間関係を広げていくという視点や，ゴミの片づけや，仕事という共同作業を通じてチームをつくっていくことなども考えられます。一緒に見守りを行ってもらうことで本人の課題を共有し，その人の抱える問題を知ることから，地域住民の優しさを引き出していくという視点が必要なのです。

伴走型支援を通じて仕組みづくりを行う

1人の問題を支えていくことで，同じような人を支えていくための当事者組織や場づくりや仕組みづくりを行うことになっていきます。ひきこもりの若者家族に意を決して声をかけたことが，就労や社会参加の支援につながったなら，地域住民は，また同じような人たちに会ったら支援したいと思うようになります。ホームレスについての情報をくれた人は，その人が住宅で暮らせるようになり，仕事を始めたという支援を聞くと，また同じような人を見つけたら支えたいと思います。今日あったAさんの問題は，同じような課題をもつ人たちの問題の氷山の一角なのです。1人を支えていくことで居場所や，就労の場所やフードバンクや学習支援や子ども食堂などで会った人を支える仕組みが，地域をより優しくしていくと考えるようになります。

つなぐだけでは変われない

そもそも社会的孤立状態にある人にアプローチするわけですから，本人としっかりつながっていくことが大切です。制度を紹介する。手続き方法を教える。そんなに簡単につながっていける人ならば困った状態にはなりません。手続きが苦手だったり，制度利用に抵抗があったりする場合もあります。一緒に動き，そして一緒に考え，一緒に怒り，一緒に悲しむ中で，親身になる伴走者として本人が理解し始めたところから，つなぐことが始まっていくのです。

いつでも相談できる人がいる

いったん制度やサービスにつながっても，また迷い，悩み，うまくいかなかったとき，いつでも相談に戻ってこられる場所としての役割も必要です。その

ためには1人で抱えることなく，組織として本人との関係づくりを図っておくことが大切です。

支えられていた人は支える人に

　貸付けで相談に来た人は，経済的には困窮していても，塗装ができたり，落語ができたりと，さまざまな力があります。支えられる人と支える人という一方的な関係ではなく，支援を受けている人が地域に役割を感じることでエンパワメントしていくことはたくさんあります。ひきこもりの若者が漫画の本を書いてくれたり，ゴミ屋敷の住人が力仕事のボランティアをしてくれたりと，人は役割が1つに固定していないのです。すべての人に居場所や役割があるという視点でつながっていくことが，本人尊重の基本のように思います。

5　おわりに——伴走型支援を通じた地域づくりとは

　専門職はいつか担当替えがあったり，異動になったり，定年を迎えたり，とつながりが切れることをはじめから覚悟して関わっていく必要があります。心を閉ざしている人につながっていく際のアプローチはとても大切になりますが，最終的に本人を支える人を地域にも専門職にも増やしていく仲間づくりを行っていくことが必要です。さらに，同じような課題を抱えている人たちを支えていくための仕組みづくりを行うことも重要です。

　伴走型支援はややもすると支援者が伴走する人で，変化を希望しない人と時間を共有するだけだと理解されがちですが，私たち専門職が行う伴走型支援は，住民や当事者とのつながりを通じて本人に出会い，本人の課題を知ることを通じて本人を支える人を増やしていくことです。そしてまた，困ったときにはSOSが出せるように地域の側にも偏見や誤解を取り除いていく働きかけが必要です。一番厳しい人を見捨てる社会は，みんなが見捨てられる社会になると思うからです。

　最後に，私たちが接している人たちは，時に間違った方向に行くことも，失敗することも多く，いわゆる低空飛行のような暮らしをしている場合も多くあ

ります。一度，サポートしてもまた生活がうまく回らなくなることも多々あります。その際私たち専門職は，時に正しさを振りかざし，本人たちを追い込むことがあります。正しさだけでは人は支えられません。優しさで接していくことが何より重要だと感じています。優しくあり続けることが，もう一度頑張っていこうと思う力になると信じています。

第5章

アウトリーチと伴走型支援

谷口 仁史

Profile —————————

認定 NPO 法人スチューデント・サポート・フェイス代表理事。大学在学中から不登校，ひきこもり，非行など，自立に際して困難を抱える子ども・若者のアウトリーチ（訪問支援）に取り組む。2003 年，大学教授ら有志とともに NPO 法人を設立。家庭教師方式のアウトリーチ事業を中心に，約52 万件の相談活動に携わったほか，市民活動団体を含む幅広いネットワークの構築や「職親制度」等社会的受け皿の創出，執筆や講演活動など多彩な活動を通じて，社会的孤立・排除を生まない支援体制の確立をめざしている。近年はその実績が認められ公的委員を歴任。生活困窮者自立支援法に関わる「社会保障審議会特別部会」，子ども・若者育成支援推進法に係る「子ども・若者育成支援のための有識者会議」等政府系委員を務め，全国的な取組みの推進にも貢献している。

1 深刻化する社会的孤立と伴走型支援におけるアウトリーチの必要性

子ども・若者領域においても裾野が広がり続ける「社会的孤立」

　不登校，ひきこもり，非行，ニートなど，学校や社会との「つながり」を失い，孤立する子ども・若者の増加……。ひきこもりの長期化などにより，親子ともに高齢化し，支援につながらないまま孤立する「8050問題」が深刻化しており，親の死後においても，子が誰にも頼ることなく餓死や病死する，いわゆる「ひきこもり死」の問題も顕在化しています。一方，安全地帯であるはずの家庭においても，児童虐待相談対応件数は，過去最高を更新し続けており，貧困，DV，保護者の精神疾患など，複合化した課題を抱える家庭も少なくないのが現状です。日本財団の調査によると，日本に暮らす18〜22歳の若者のうち，4人に1人が自殺を本気で考えたことがあり，10人に1人が自殺未遂を経験したことがあると回答しています。「助けて」と声を上げること自体が容易ではない日本社会において，「社会的孤立」に関わる問題の裾野は，着実に広がりを見せています。

アウトリーチ（訪問支援）を基軸としたNPO法人設立の経緯

① 社会的孤立に関わる問題を意識するきっかけとなった「家庭教師」としての経験

　私が社会的孤立に関わる問題を意識したのは，教師をめざしていた大学時代でした。当時大学関係者からの依頼で，学内外で暴力行為などの問題行動を繰り返す少年，A君の家庭教師を引き受けることになりました。学習障害，ADHDなどが要因の低学力が問題行動の一因との学校側の見立てでしたが，継続的に家庭に通い続けると実際には異なる事実が見えてきました。

　そこには，保護者からの日常的な暴力があったのです。A君と信頼関係を構築できていなかった教職員は，そのことに気づくことができず，厳しい指導でA君の問題行動を統制しようとしたことで，ますます孤立させ，結果的に事態の悪化を招いていました。他方，教育に携わる仕事に従事していた保護者は，

激務で過剰なストレスを抱えたうえに，子どもの問題行動について立場上，相談できずに抱え込んでおり，「しつけ」が虐待へとエスカレートする一因となっていたのです。

そこで，「家庭教師」としての私の仕事は，勉強だけでなくピアサポートを組み入れたスポーツ，遊びを中心に展開するとともに，その中で得られた日々の変化を踏まえ，保護者と一緒にA君との関わり方について考えることで，事態を好転につなげることができました。「教壇からは見えない世界がある」ことを認識するとともに，家庭から支える意味を実感する貴重な経験でした。

② NPO活動の原点は命を救えなかった親友に対する「思い」

もう1つ，大きなきっかけとなったのが，A君の「家庭教師」としての活動に協力してくれた親友の自殺にあります。彼は，中学校時代，学校になじめず，過酷ないじめ被害に遭っていました。当然，私は彼をいじめ被害から守り，学校になじめるよう，ともに学び，ともに部活で汗を流すなど寄り添い続けました。私が大学に入った当時，立派な社会人として活躍していた彼は，「自分の経験が生かせたら」とA君の支援に全面的に協力してくれました。

その日もA君の家庭へ向かおうと準備をしていたとき，彼から「相談したい」と電話がかかってきました。「ドラッグに手を出してしまった」。衝撃的な告白でした。信じられずにその理由を聴くと，売人の情に訴える巧みな誘いに断り切れなかったとのことでした。その売人は，見ず知らずの人ではなく，彼が進学した高校で当時支援していた，不登校状態にあった同級生だったのです。その後，金銭トラブルが発生し脅されるようになり，精神的に追い詰められ，私に相談したとのことでした。「大丈夫！ 俺が何とかする！」。解決のためにすぐに合流しようとしたのですが，彼はA君の家庭教師の日であることに気づくと，「今夜はA君を優先して。その代わり明日時間をつくって」と頑なに譲りませんでした。私はA君への思いに根負けし，次の日の約束を交わして不安を抱えたまま家庭教師に向かいました。これが彼との最後のやり取りとなってしまいました。取り返しのつかない事態を生んでしまったあの日の私の判断に対する絶望的な後悔，悔恨の念は，一生消えることはありません。

③ 学校教育に必要なのは学校を外から家庭から支える仕組み

彼を葬儀で見送った後，彼をドラッグの道に引き入れ，自殺に追い込んだ売

人をどうしても許すことができず，正直にいえば，憎しみの感情にも駆られつつ，命がけでその売人を捜しました。詳細は伏せますが，数カ月後，売人Bを特定することができ，身柄を確保し警察に突き出すことができました。その過程で，予想もしなかった別の心境が芽生えたのです。

　Bの過去をたどると，父親はいわゆるチンピラで，毎日のように家族に暴力を振るっていました。母親はそんな生活に耐えきれずBと障害を抱える兄弟を捨てて蒸発しており，小学校でBは深刻ないじめ被害にも遭っていました。小中学校は不登校に陥り，何とか進学した高校も中退。社会に出てからも職を転々としていました。稼いだお金は父親に搾取され，理不尽な思いの中で孤立するBに忍び寄った暴力団関係者の偽りの優しさに絆され，Bは売人となっていたのです。

　幼い頃から明らかに苦しい境遇にいる。父親からの日常的な暴力には，近隣の大人たちも気づいていたはずですが，とばっちりを食らうのを恐れて見て見ぬ振り……。母親の蒸発，貧困，いじめ被害や不登校，高校中退……，Bは繰り返しSOSのサインを発していたはずなのに，学校も専門機関も受け止めきれずに問題を先送りしていました。その結果，Bにとって唯一の友人だったであろう，私の親友の人生を奪うことにつながったのです。

　「誰か何とかできなかったのか……」，その行き場のない憤りと「家庭教師」としての経験，学びが次第に結びついていきました。「やりたいこと」ではなく「やるべきこと」をやる。私は夢だった教師の道をあきらめ，大学卒業と同時に，NPO法人「スチューデント・サポート・フェイス（S.S.F.）」を設立しました。

「声なきSOS」を受け止める「伴走型支援」における「アウトリーチ」の必要性

　設立当初，S.S.F.では，社会的孤立に関わる公的支援のあり方に関して，3つの課題を意識していました。1点目は，「施設型」支援の限界です。公的支援施策は，いわゆる「施設型」支援で，当事者の自発的な相談行動を前提条件とした窓口対応が中心となっていました。これでは，さまざまな傷つきで人間不信に陥るなどして，相談意欲を失ってしまったひきこもりなど，孤立する子

ども・若者には，必要な支援が行き届きません。

　次に意識された課題は，「直接的」支援の不足です。親子関係が崩れていたり，虐待やDV，保護者の精神疾患などが発生し深刻化した課題を抱える家庭では，自ら解決行動をとることや，家族間の働きかけ自体が困難を極めます。カウンセリングや助言はするけれども，解決行動はすべて当事者の責任といった対応では，環境を変える力が弱い子ども・若者は，救われません。

　3点目は，「縦割り」の弊害です。専門分化した課題ごとの相談窓口では，複合化した問題に十分対処できません。また，卒業後，中退後どうなったかわからないといった年齢ごとの縦割りも，支援からの離脱や孤立を生む要因になっているのではないかと考えました。

　支援を必要とするにもかかわらず，孤立化することで潜在化し，しだいに聴こえづらくなる子ども・若者のSOSの声……。S.S.F.は，アウトリーチを基軸とした「伴走型支援」によって，従来型の公的支援の課題を克服しようと試みたのです。

2　「伴走型支援」を前提とした アウトリーチのあり方

アウトリーチの成否の鍵を握る「事前準備」

　今でこそ，その重要性が理解され，拡充が図られているアウトリーチ活動ですが，支援を受ける当事者側が拒絶的な場合も少なくないため，留意すべき事項があることも事実です。では，どのような点を意識してアウトリーチを展開すべきなのでしょうか。

　ここでは，足かけ約8年間のひきこもり状態にあった30代男性Cさんの事例をご紹介します。過去に彼の自立のために働きかけを行った支援者を調べたところ，保護者の要請に応じて教育，就労，福祉，医療，自治会など，代わる代わる多様な人が関与していました。しかし，状態はしだいに深刻化し，父親は将来を悲観して自殺し，残された母親も激しい家庭内暴力で命の危機に直面していました。親類の通報により，警察が介入した後は，Cさんの言動は，さ

らに激化・陰湿化し，母親のスマートフォンの通信記録の検閲や，GPS による行動監視を行い，暴力による支配を強めてしまいました。

　このように，過去にさまざまな働きかけが行われたにもかかわらず，孤立が長期化・深刻化した家庭に，「とりあえず」訪問してみるといった行為は，取り返しのつかない事態を生みかねません。アウトリーチの成否の鍵は，「ドアを開けてから」ではなく，まさに徹底した情報の収集と分析をはじめとする「事前準備」の段階が握っているといっても過言ではありません。

アウトリーチにおける事前準備「3段階のプロセス」

　長期化・深刻化した事案へのアウトリーチを求められる S.S.F. では，初期相談の際，より適切かつ効果的な「事前準備」となるよう，その過程を3つの段階に分けることで，意識的な対応を促しています。事前準備における「3段階のプロセス」を見てみましょう。

① 事前情報の収集と分析

　第1段階はいうまでもなく，「相手のことを知る（理解する）」，事前情報の収集と分析プロセスです。当事者にとって私たちの関わりがマイナスにならないことは，アウトリーチを実施する際の最低条件といえます。そのためには，本人のニーズや一般的な相談情報，経緯，きっかけなどの基礎情報のみならず，生活状況から，うつ病，発達障害，不安障害，統合失調症など，障害および精神疾患に関わるエピソードを適切に拾っておくことも大切です。医療との連携の必要性の判断は，アウトリーチを行う前に検討すべき事項といえます。

　次に，回避事項の把握につながる，関係性の分析も欠かせません。どのようなご家族に育てられ，どのような外部関係者が関わる中で社会的孤立が発生しているのか，成育歴，外部関係者との関係性を含め，丁寧に聴き取る必要があります。過去の出会いにおいて発生する傷つき体験によって，「誰も信じられない」といった否定的な感覚，感情が芽生えているわけですから，とりわけ，ご本人が傷つきや否定的な感情を抱いたであろう対人関係上のトラブル，関係性の悪化，対立構図に関しては，詳細に，エピソードベースで抑える必要があります。

　もし過去に状況の悪化を生む強引な働きかけを行った支援者と同じ言動を，

われわれがとってしまったらどうなるのでしょうか。配慮なき働きかけは拒絶感を強めたり，頑なさを生み，その後の支援の可能性をも奪う結果につながりかねません。まずは，「同じ轍は踏まない」ことが，アウトリーチの前提条件です。そのうえでようやく検討できるのが，支援導入の枠組みであり，どんな存在だったらその子ども・若者にとって一番受け入れやすい存在なのかを考えることができるのです。

　これを探る際の1つの視点としてわれわれが重視しているのが，「価値観のチャンネルを合わせる」という過程です。本人が好きなものがあれば，われわれもそれを好きといえる状況をつくる，興味関心があるものがあれば，われわれも積極的にそのことに関心を寄せる，というように，価値観レベルの情報にリンクすることで，徹底した本人理解を進める過程です。仮にオンラインゲームに依存してひきこもっているのであれば，それに対し否定から入るのではなく，むしろつながる好機だと捉え，そのゲームを共有することも1つの手段なのではないでしょうか。本人とともにプレイすることで本人がどのような感覚を抱いてその世界で生きているのか，その感覚をわれわれが理解できれば，本人がどのように現実の社会を認識しているのか，といった感覚的な理解も可能になってきます。したがって，閉ざした心を開いてもらうための「価値観のチャンネル合わせ」に関する情報は，具体的かつ詳細に聴き取るとともに，本人がもつストレングスの把握もこの段階で行っておきたいところです。

② 支援者としての自己分析と環境確認

　第2段階は，「自分のことを知る（理解する）」，自己分析および環境確認の過程です。もっとも重要なのは，当事者にわれわれがどのような存在として認識されるのかを，客観性をもって理解することにあります。警察官が家庭を訪問すれば，「事件か取り締まりか」，児童相談所職員であれば「虐待か」と，肩書だけでも当事者が受ける心象は異なってきます。世代や人柄，語り口調や容姿も然りです。どのような目的を掲げ，どのような役割で訪問するのか，それは本人にとって受け入れやすい存在として認識されるのか，事前情報に即して分析を行っておく必要があります。

　また，対話できる関係性を構築するためには，一方的に話を聴くだけでなく，支援者側が自己開示することも必要となる場面が出てきます。どこまでが共有

してよい適切な範囲なのか，予め検討が必要です。

　その一方で，支援者としての限界設定も重要です。これは環境確認にも通じるところで，私用の携帯電話の番号や LINE ID を教えれば24時間対応を覚悟しなければなりません。訪問の形態は，2名1組なのか，それとも単独での訪問なのか，それだけでも関係性のつくり方がまったく異なってきます。訪問頻度は週1回なのか，それとも毎日なのか，関わる期間は半年なのか，複数年なのかで，支援計画がまったく変わってくるはずです。家族機能がどこまで保たれているのか。バックアップ体制や関係機関の受け入れ状況は？　場当たり的な対応にならないよう，この段階できちんと詰めておきたいところです。

③「間接的アプローチ」による「活きる情報」の提供

　第3段階は，訪問の同意を得るための「活きる情報」の提供の段階です。家族や関係者を通じて間接的に本人にアプローチを行います。まず留意すべきは，伝えるタイミングと内容です。いうまでもなく本人が必要性や孤独感，困り感などを感じているときに，そのニーズに即した有益な情報を届けることが基本となります。過去に支援経験がある場合は，その成否に応じて伝え方を工夫する必要があります。過去にうまく関係性を構築できた支援者がいる場合は，その支援者との関連性や支援内容の連続性・発展性を強調したり，逆に失敗している場合は，立場や組織，支援内容の違いを明確化して伝えた方がよいでしょう。また，過去に強引な働きかけを受け不安が強いケースなどは，当事者にとって最後の砦として，唯一安心できる場所となっている自室に強引に押し入ったりしないこと，決定権は本人にある旨をきちんと伝えることも必要です。

　また，子どもたちに関しては，とくに難しい法制度，法人の形態などの情報よりも，むしろどんな人が来て一体どんなことをしてくれるのか，といった支援者個人のイメージが伝わる情報が奏功することも少なくありません。その際に伝える情報は本人の価値観にチャンネルが合っている内容でなければ聞き流されてしまいます。

　また，「活きる情報」の提供の段階で留意すべきは，誰を通じて支援員の情報を伝えるかにあります。仮に家庭内暴力など父親と本人の間に対立構図が発生している家庭の場合，父親からの情報伝達は避けなければなりません。いったん，「敵の回し者」として認識されてしまえば，後の軌道修正は難しくなっ

てしまうからです。

関係性の変化に着眼した支援段階の移行

　このように，「支援関係」を構築・維持すること自体が困難を極める「ひきこもり」当事者への「伴走」を想定した場合，支援を進めるにあたっても，支援過程からの離脱を生まないよう，「関係性」の状態を見極めながら段階的に移行を図ることが重要です。社会参加，自立に向けた各支援段階において，どのような変化と留意点があるのでしょうか。関係性の変容に着眼した4つの支援段階の概略をみてみましょう。

　初回面談から個別対応の初期段階である「導入期」は，「イーブン」もしくは「ワンダウン」の関係性から始まります。ひきこもっているからといって子ども・若者には，支援者を受け入れなければいけない義務などありません。本人との信頼関係が構築されていない段階では，イーブンな立場というよりも支援者は「受け入れてもらっている」立場であるため，相手よりも一段下がった立場，「ワンダウン」の謙虚な関係性の構築をイメージしたいところです。

　「安定期」においては，謙虚な出会いから信頼を積み上げ，ワンダウン・ポジションからの「軌道修正」を図り，悩みや課題の共有ができるよう関係性の「適正化」を図っていきます。

　共有された悩みや課題解決のプロセスである「展開期」は，多様な刺激を受け取る時期であるため，「継続」「発展」がキーワードとなります。先程の事例に象徴されるように，関係機関につなぐ際，必ずしもそこでうまくいくとは限りません。その際も支援段階に応じた関係性が構築できていれば，たとえ予期せぬ事態が発生しても，支援途中の段階での離脱や，「つながり」を失うリスクが低減できるというわけです。

　支援が伴走を伴う継続した段階に入ると，「分散」「移行」「離脱」のプロセスを意識します。依存関係を生じさせないように，支援のプロセスで自力を高めるとともに，小集団，集団活動に移行するプロセスで関与できる人材を増やしていければ，困った際にさまざまな人の力を借りることができるようになります。また，自宅から居場所へ，関係機関から学校や職場へとステージの移行が着実に実施できれば，人間関係や考え方なども大きく変化を遂げるため，支

援者の関与の必要性も相対的に下がっていくわけです。この過程で，本人とその周りの家族，関係者との「つながり」を深めることで，支援者としての役割をいったん終え，つながり続ける支援へと移行していくのです。次の節では，これらの視点を踏まえた支援プログラムの実際をみていきたいと思います。

3　社会参加まで責任をもって見届ける伴走型支援の実際

「ストレス耐性」に着眼した支援過程の段階的な移行

① 徹底的に配慮を重ねる個別対応の段階

　人は傷つきを重ねる中で，ストレスに耐える力である「ストレス耐性」が極端に弱まってきます。その限界を超えたストレスを与えてしまえば，うつなどの精神疾患を発症させるリスクが高まってくるため，適応支援プログラムを実行する際は，このストレス耐性，その限界値を的確に見立てたうえでの対応が求められます。

　みなさんは，ひきこもり当事者と初めて外出する際，どのようなことに配慮されるでしょうか。図5-1に例示しているのは，数年ぶりの外出から社会参加，自立に至るまでの支援過程のモデルです。このケースで筆者が選んだのは，「夜釣り」のプログラムでした。ひきこもり状態にある当事者が外出を考えた際にもっとも気になると答える傾向にあるのが，「人目」です。学校に行っていない不登校の児童生徒にとってみると，「同級生と会ったら何て言おう……」「先生に学校に来いって言われるんじゃないか……」と不安になります。働いていない若者に関しても同様に，「近所の人から何してるの？」と言われるのではないか，「昼間から遊び歩いて」と思われないだろうか，と気になってしまうのです。後ろめたさ，引け目を感じてしまうのは，真面目さゆえの反応なのです。このようにストレス要因が多い状況下で，とりあえず外出に慣れさせようと働きかけを繰り返すと，ストレス耐性の限界を超え，逆に苦手意識を強めたり，トラウマ化することさえありえます。そのため，最初の一歩は，その耐性の限界を見極め，余計なストレス要因は徹底的に排除した状態で安全に踏み出

図5-1　ストレス耐性に着眼した中間的なトレーニングメニューの実例：社会的孤立か
　　　らの脱却，個別対応から小集団活動，集団活動，社会参加への段階的移行

①オーダーメイドの個別プログラム
本人が「楽しい」と思える興味関心に沿った内容（最小限）

興味関心，趣味，性格，相性等を総合的に判断しマッチング
安全と安心が確保された小集団の形成

②集団活動への段階的移行による適応性の向上
支援コーディネーターによる実践的なSST「楽しみながら」の原則

「移行」「分散」「離脱化」による「つながり」の強化
依存を生まない展開による人間関係の適正化

③「興味関心」から「実用的プログラムへの転換」
復学・社会参加等の効果的促進

社会貢献活動等を通じた就労体験事業
自己有用感の向上等より効果的な自立支援

FIVE DIFFERENT POSITIONS
対人／環境／メンタル／思考／ストレス

すのが鉄則です。ならば，人目が気にならない「夜」も1つの選択肢というわけです。

　配慮はそれだけではありません。トイレ休憩で立ち寄るコンビニの場所，そこで働く店員の雰囲気，釣具店で対応する店員の指定など，必要に応じて徹底的に配慮を重ねて行きます。数年ぶりに会った支援者以外の人物が，ひきこもるきっかけとなった対人トラブルの相手方と類似していれば，どうでしょう。二度と外に出る意欲すら失ってしまうリスクがあるのです。また，勇気ある一歩を踏み出すわけなので，気分が上がるような，とびきりの体験を用意してあげることも忘れません。地域の方々から徹底的に情報収集を行い，釣れる場所を前もってリサーチしていたのです。図5-1の写真のような大物が釣れたらどうでしょう。外出の際に感じるストレスは吹っ飛び，「また釣りに行きたい！」

という次の外出の動機づけにつながるかもしれません。

　このように個別対応の段階は，一対一の人間関係から，徹底的に配慮を重ねながらプログラムを展開していきますが，この配慮に基づく関係性を長期にわたって続けてしまうと「依存関係」を生じさせてしまい，逆効果につながる場合があります。したがって，意識的かつ段階的に小集団活動，集団活動へと移行を図ります。

② マッチングによる安心・安全な枠組みを意識する小集団活動

　「小集団」活動の段階では，世代や状態，性格や興味関心などをもとに相談者同士でマッチングを行います。まだストレス耐性が低い状態なので，傷つけ合いなどが発生しない安全・安心な枠組みをつくるための配慮です。とくにコミュニケーションに対する苦手意識が強い者同士のグループでは，浮き釣りではなく，「ルアー」釣りを採用します。疑似餌を使用するため，浮き釣りのように待つ時間がありません。遠投しリールを巻きながら小魚が泳いでいるようにアクションをつけるといった作業を延々と繰り返さなければならず，常にやることが発生することで，会話が途切れても，気まずい雰囲気を感じにくい，思いついたタイミングで話せばよいといったスローなコミュニケーション空間の演出につながるのです。このように配慮が行き届けば，不安感や緊張感が軽減されていき，徐々にストレス耐性も上がってきます。

③ プログラムの質的量的コントロールを伴う集団活動

　いよいよ「集団活動」へと支援の段階を引き上げていくわけですが，その際は，プログラムの質的量的コントロールを意識しています。「量」的コントロールに関して一例を挙げると「時間」です。プログラムの時間の長さもストレス要因になるため，個別対応の夜釣りの段階では可能な限り短く，小集団，集団活動に移行するにつれて徐々に長くしていきます。一方の「質」的コントロールに関しては，実用的プログラムへの転換を意識するということです。なぜ，個別対応のスタートは釣りだったのかといえば，シンプルに当事者が釣りを好きだったからなのです。誰でも「好き」なことにはストレスを感じにくいので，最初の段階は本人が興味関心を抱いていること，好きなことをプログラム化します。しかしながら，好きなことだけをやっていては，そのプログラムに対して依存や固着を生み，逆に当事者から適応力を奪ってしまう恐れもあります。

だからこそ，ストレス耐性に着眼しつつ，個別対応から集団活動へ，興味関心から実用的なプログラムへ，意識的かつ段階的に移行していくことが必要となるのです。

不遇な経験によって生じる不合理な「思考（認知）」の修正

① 不合理な思考の修正に資する認知行動療法の応用的活用

このような適応支援プログラムを含め，S.S.F. が応用的に取り入れている手法として，「認知行動療法」があります。誰もが失敗を繰り返したり，恒常的に嫌な思いを感じる場面にさらされ続けたりすると，悲観的な考え方に偏る可能性があります。過去の不遇な経験などから不合理な考え方が固定化していたり，認知が歪んでしまっているのであれば，本人が頭で何とかしたいと思っていても，どうにも不安で実行できないといったジレンマの要因になっていることもあります。したがって，個別対応の段階でカウンセリングなどを通じてその状態を共有するだけでなく，対話の中で解消できない歪みなどであれば，実際に行動を伴いつつ，その結果を共有する中で徐々に修正をかけていくことも視野に入れなければなりません。

そこで，S.S.F. が実施する就労体験等は，支援者が随行し，同じ時間，同じ場所で一緒に汗を流しながら展開していきます。とりわけ，対人関係で生じる苦手意識等は，第三者を交えた流動的な場面でこそ把握できる課題もあるわけで，随行する支援員がリアルタイムでフォローしたり，振り返りの時間を通じて意味づけや認知の修正を行うなど，まさに共同作業でジレンマの要因を解消していきます。

② 地域との「つながり」の中で育まれる働く意欲や動機

この際，重要な役割を果たしているのが，理解ある事業主のネットワーク「職親」です。S.S.F. が 2003 年に呼びかけ創設した県内 190 カ所を超える「職親」が運営する事業所では，自立に困難を抱える当事者の就労体験や就労などを受け入れています。数も然ることながら職種も「農業・畜産業・漁業」「製造業」「販売・配達」「飲食業」「建築・建設業」「サービス業」「介護・福祉」「医療」など，多岐にわたるのには，理由があります。もちろん，当事者の多様なニーズに応えるという意味もありますが，さまざまな職種の「職業人」だ

からこそ起こせる変化を期待しているからなのです。

　子どもの頃から「夢をもちなさい」「好きなことを仕事にしなさい」「その目標を達成するために毎日努力しなさい」といった指導を受けている若者の中には，あたかも職業に貴賤があるかのような感覚にとらわれている者も少なくありません。この感覚のまま学校や社会生活から離れ孤立してしまえば，好きな仕事に就けない自分は「負け組」だといった思い込みや「今さら努力しても無駄」といった絶望感を抱いてしまうことになります。

　まずは，当たり前の職業観として「すべての仕事に価値がある」ということを姿勢として示すために，あえて若者の関心が低い職種を含め，網羅的に職場開拓を行ったのです。また，困難を抱える当事者に「理解ある」事業主を厳選した理由は，本来，仕事に対する関心や憧れ，働く意欲や動機といった類のものは，職業人との好ましい関係性に基づく「つながり」の中にこそ育まれるものとの考え方があり，地域の協力を欠くことはできません。

「環境」への働きかけを含む多面的援助アプローチ

　それでは最後に，実例をもとに所属する環境に対するアプローチの重要性を考えてみたいと思います。進学校の担任の先生からの紹介で相談対応を行った17歳男D君は，完全不登校に陥り1年が経過しており，自室にひきこもった状態でした。高校中退のリスクが高いことから保護者（とくに母親）の焦りも強く，学校にたびたびクレームを入れるなど，対立した状態にあるとのことでした。学校側が考える不登校の要因としては，体調不良と成績不振が重なったからではないかとのことでしたが，継続的にアウトリーチを展開し，D君との関係性を構築した後に判明した要因は，いじめ被害，ゲーム依存，経済的困窮，虐待，DV，家族の精神疾患，発達障害，違法労働など，複雑かつ深刻な問題だったのです。

① 個別対応，小集団活動，集団活動へと段階的に移行を図る本人支援のフロー

　彼が転学，アルバイトをしながら大学へ進学，支援が終了するまでの本人支援のフローを見ていくと，S.S.F. 以外に学校関係者から居場所関係者，医療機関，社会貢献団体，就労支援関係者など，複数の支援者・関係者が関与することになります。しかしながら，いじめ被害や虐待などの傷つきで人とつながる力が

弱まった状態を想定すれば，過去の経緯，その時々の状態，環境の状況を理解している支援者の伴走が不可欠と考えられます。そのための関係性構築という観点からは，事前準備の段階で得た情報をもとに「価値観のチャンネル合わせ」を行う必要があります。ゲーム依存に対しても否定から入るのではなく，つながる好機と捉えて共有から入り，まずは感覚レベルで当事者理解を図っていきます。また，彼がこよなく愛しているオタク文化に関しても同様で，支援者側の個人的なプライドなど捨てて，その文化を理解しリンクすることで，閉ざした心を開いてもらう手立てとなるのです。

　支援関係を構築できれば，社会参加に向けた適応支援プログラムの展開が可能となってきます。ストレス耐性の脆弱性への配慮という観点からは，最初の一歩となる活動は人目が気にならない夜，ストレスを感じにくい興味関心のある活動内容，彼の場合も釣りから安全に第一歩を踏み出しました。

　次に小集団への移行の際はマッチングを重視し，興味関心，性格，コミュニケーション・パターンなどをもとに傷つけ合いが起こらない安心できる小集団を形成します。彼の場合，中高一貫校を中退した経験をもつ仲間とのマッチングを行い，ピアサポートの要素を組み入れました。

　集団活動への移行の際は，まずはみんなで楽しめる共通の趣味であった野球から始め，背景要因の解決の状況，認知行動療法による認知の改善状況等を注視し，実用的プログラムへの転換を図っていきます。彼の場合，農業や建築業などの職親の協力を得て就労体験を実施したほか，社会貢献活動を通じた自己肯定感の向上および将来に向けた動機づけを行い，着実に支援の段階を進めることができました。

② 配慮を重ねながら支援導入を図る家族支援のフロー

　無論，背景要因の深刻さからも，彼の場合，家族支援のフローなくして本質的改善は難しかったと考えられます。では，どのような配慮をもって家族支援を展開したのでしょうか。

　前述のように，家族各々が深刻な問題を抱えており，それぞれに伴走型の支援が必要であることはいうまでもありません。しかしながら，「取り締まり圧力」が強いこのご時勢，家族がもつ「支援」に対する警戒感や拒絶感への配慮がなければ，継続性はおろか，支援導入すら難しくなります。そこで，まずは

クレーマーとして認知されるほど学校に対して強い働きかけを行っていた母親のニーズである，D君の学校復帰や進学という共通目的に向かうプロセスで関係性を構築していきました。専門家の力を借りた「心理教育」を経て，民生委員との連携による医療へのつなぎを行ったほか，差し押さえ寸前だった自宅を守るため，弁護士との連携による債務整理を行いました。その後は，家計改善，就労支援と多職種連携による母親支援を展開しました。

この伴走の過程で母親との信頼関係が構築された結果，次の展開が可能となりました。母親からD君の姉の性風俗での違法な労働契約などについて相談が寄せられたのです。そこで，姉へと支援のレンジを広げ，債務整理に関して助言を行った弁護士の協力のもと，違法な労働契約を解除し，給料を巻き上げていた元彼との関係を整理し，安全を確保することができました。その後，飲食業の職親の協力のもと，転職支援を行った結果，経済的に自立することができ，母親とともに家計を助けることができるようになりました。

次に母親と姉，D君の力を借りて着手したのが，自閉スペクトラム症を抱え，いじめ被害で長年ひきこもっている兄でした。自衛隊や武器に対する強いこだわりに着眼したサバイバルゲームからの支援導入を図り，本人の憧れに沿った自衛隊関係者との出会いなどをきっかけとして，ディープな知識に合わせる形で人間関係を広げつつ，適応支援プログラムを実施しました。就労支援の段階では，黙々と集中して取り組める庭の剪定作業から発展させ，最終的には，建設業に従事することになりますが，その際に決定的な働きをしてくれたのは，職親でも専門職でもありません。何と虐待，DV，多重債務など，問題を多重に抱えていた父親でした。問題の元凶と見られてもおかしくない父親がなぜ，長男の力になれたのでしょうか。その理由は，父親の子どもの頃のある「決意」にあります。

③ 環境が変わることによって引き出される当事者がもつ「力」

貧困家庭で虐待を受けて育った父親は，夜逃げを繰り返す両親のせいで引っ越しをすることも多く，友人もできずに孤独な幼少期を過ごしました。「大人になったら，こんな家庭を絶対につくらない。幸せな家庭をつくるんだ」と，中学校卒業と同時に働き始め，両親とも離れて自活していました。結婚後もその決意は固く，「幸せ」の象徴として認識していた「家」を建て定住すること

にしました。それが人生の転機となったのです。程なく経済的に困窮し借金が膨らみ、家を守るために割のよい仕事をと転職した先が、ブラック企業でした。ノルマと過度のプレッシャーを受け、心が荒んでいったのです。愛する妻への暴力が始まったのもその時期でした。しかし、修正する機会が訪れます。待望の長男が誕生したのです。「幸せな家庭を！」という思いを新たにし、子育てにも参画しますが、長男は当時一般的には認知すらされていなかった自閉症を抱えていたのです。伝えても伝わらない、その思いがいつしか厳しいしつけとなり、ついに虐待が発生したのです。その後は自暴自棄となり、坂道を転げ落ちるように問題が複合化し家族全体に病みが広がってしまったのです。

　それがどうでしょう。アウトリーチによってD君が不登校から脱却し進学し、母親が債務整理を行い、家の差し押さえを回避、母親と共に長女が家計を支えることで、負担が集中していた父親の肩の荷が下りたのです。父親は、過剰なストレスの要因となっていたブラック企業を辞めることを決め、三度あの「決意」が呼び起されたのです。その時期にひきこもりから脱却し大きく動き始めていた長男を見て、父親は覚悟を決めました。「共に働こう」。父親が長男と同じ親方のもとで働くことで、ハンディキャップを抱えつつも長男の就労が実現したのです。

　このことによって、D君の家族が各々に抱えていた問題が解消され、D君の社会参加・自立に向けた安定的な基盤が整いました。環境が変わることによって引き出された父親の自発的な改善行動が示唆するように、環境が整ったD君も大学時代、メディアで取り上げられる程の活躍を見せたほか、就職に関してもめざしていた医療系の会社に勤め、現在は責任者として充実した職業生活を送っています。

4　佐賀県におけるNPOの「協働型」「創造型」支援実践の「現在地」

多様な「つながり」の中での支援実践によって育まれた社会的信頼

ボランティアベースで始まったS.S.F. の「伴走型支援」は、「協働型」「創造

型」の支援実践であり，公的機関などの信頼を得るのにそう時間はかかりませんでした。2006年，法人設立4年目には，完全不登校対策として全国初の「家庭教師方式」のアウトリーチ事業が佐賀市との間で創設されたほか，若年無業者などの職業的な自立を支援する「地域若者サポートステーション事業（厚生労働省）」の受託につながりました。こうして，次のステージに移った行政機関とS.S.F.との「協働」は，アウトリーチを基軸とした膨大な支援実践で培った信頼関係を「基盤」として，年を追うごとに発展を遂げています。本節では，S.S.F.がアウトリーチを基軸とした「伴走型支援」の実践の「現在地」と，明らかになった実態，その先に追い求めている社会的孤立・排除を生まない支援体制に向けた論点を紹介します。

アウトリーチを基軸にワンストップ化を推進している佐賀県の取組み

　現在，佐賀県では，S.S.F.が「ハブ機能」を果たすことによって，社会的孤立に関わる相談サービスのワンストップ化が進められています。「子ども・若者育成支援推進法」に基づく総合相談窓口「佐賀県子ども・若者総合相談センター」，若年無業者などの職業的自立を支援する「さが若者サポートステーション」，ひきこもりに特化した専門的な第一次相談窓口「佐賀県ひきこもり地域支援センター」，生活困窮者自立支援法に基づく自立相談支援事業所「佐賀市生活自立支援センター」など，関連事業が統合的に運営されることで，「たらい回し」を防ぐだけでなく，「あそこに相談すれば何とかなる！」というように，当事者の相談意欲を高める効果も現れてきています。

深刻化・複合化した課題を抱える子ども・若者の孤立の実態

　とりわけ，S.S.F.が実践する家庭教師方式（関与継続型）のアウトリーチに対する需要は年々高まっており，受託・運営する各総合相談窓口に寄せられた2020年度の相談件数は，年7万9000件を超えました。アウトリーチを基軸とした相談活動を展開すると，窓口に足を運べる人のみに対応する「施設型」の相談活動とは異なる当事者の姿も見えてきます。

　佐賀県子ども・若者総合相談センター利用者約2400名を対象に実施した分析調査によると，学校や社会生活を円滑に営むことのできない子ども・若者の

うち，対人関係に困難を抱える者は8割を超え，ゲーム障害などの依存行動が3割弱，4割を超えるケースで精神疾患，発達障害などへの配慮が必要な状態にありました。

　一方，アウトリーチを実践することによって明らかとなったのは，疲弊する保護者ら家庭環境の課題でした。貧困，虐待，DV，精神疾患，アルコール依存など，家族自身も困難を抱えた状態にあると認められたケースが全体の63.7％に上ったほか，子ども・若者本人が抱える問題も含め，困難が折り重なった状態にある「多重困難ケース」の割合が84.7％を占めていたのです。このことからも，孤立する子ども・若者の自立支援を考えるにあたっては，家族支援を含む所属する環境へのアプローチは，必須の検討事項といえます。

「ひきこもり」問題から見えた「従来型」の公的支援の限界

　ひきこもりに特化した専門的な「第一次相談窓口」としての機能を有する「ひきこもり地域支援センター」は，佐賀県では，「さがすみらい」という名称で，2017年5月に開設されました。昨年度までのわずか3年足らずで1万1997件（うち訪問件数4571件）の相談が寄せられました。その内容をみていくと40代以降が33％，過去10年以上の長期にわたるひきこもりを経験されていた方が全体の42％に及び，精神疾患や家庭内暴力，自傷行為などを伴うケースも少なくありませんでした。

　もちろん，本人も家族もただ手をこまねいていたわけではありません。相談受付時の調査（暫定値）で62％以上もの人が過去に「専門機関」における相談経験を有していたのです。つまり，専門分化した従来型の相談窓口における対応では，SOSの声を十分に受け止めきれておらず，孤立する相当数の当事者がセーフティネットの網の目からこぼれ落ちてしまっているのです。ならば，どのような対策を講じれば，その限界を突破することができるのでしょうか。次にS.S.F.が講じている対策についてご紹介したいと思います。

従来型の公的支援の限界を突破するための組織内での対策
① 深刻化・複合化した課題には多職種連携を重視
　第2節で述べたように，S.S.F.が実践する「伴走型支援」におけるアウトリ

ーチで重視しているのは,「事前準備」に基づく徹底した当事者理解にあります。とりわけ,孤立が長期化するなどして,深刻化かつ複雑化した課題を抱え,心を閉ざしてしまっている当事者と関係性を紡ぎ,実効性のある支援プランを提案するためには,精度の高いアセスメントを欠くことはできません。

　S.S.F. では,設立以来,多職種連携を重視した組織づくりを進めてきました。現在では,教育,医療,福祉,労働,司法など関連分野の国家資格取得者を中心に約250名,29種の有資格者が所属しています。臨床心理士,公認心理師,キャリアコンサルタント,社会福祉士,精神保健福祉士,教員免許取得者,精神科医,弁護士などが必要に応じて対象者ごとにチームを構成することで,アセスメントの段階から社会参加,自立に至るまで,多角的に議論・検証できる仕組みを整え,深刻化・複合化した課題を抱える子ども・若者の支援プランの実効性を高めています。

② 関係性構築に有効な世代的な条件も加味したチーム対応

　もちろん,専門職を集めるだけでは,従来型の公的支援の限界を補うことはできません。S.S.F. につながるケースの7割近くが行政および専門機関からの紹介案件であり,専門家の支援を受けてなお改善が難しかった子ども・若者です。関係性の構築という観点からは専門性とは異なる対策も必要となります。

　そこで,S.S.F が着眼したのは,「ナナメ」の関係性,「お兄さん」「お姉さん」的アプローチです。思春期において反抗期を迎えた子どもや無理な働きかけなどによって保護者との関係性が崩れている若者にとって,親世代によるアプローチは,抵抗感を抱きやすい傾向にあります。また,価値観が多様化し急速に変化を遂げる現代においては,世代の違いが相互理解や関係性構築の際の障壁になることも少なくありません。したがって,原則2人1組,チームで実施されるアウトリーチの際は,世代的条件も加味したマッチングが可能となるよう,経験を重視したコーディネーターに加え,子ども・若者にとって「お兄さん」「お姉さん」として認識される20〜30代の支援員を積極的に採用することで,「ナナメ」の関係性を生かした効果的な支援導入を図っています。

③ 専門性や経験の差などを埋める当事者の声と実践的な研修システム

　第2節で紹介したCさんの事例のように,孤立する子ども・若者の中には,複数の支援者の働きかけの失敗により,極限の状態に追い込まれている当事者

も少なくありません。事前準備の重要性はさることながら，現場の特殊性や流動性に臨機応変に対応できる高い素養をもった支援員も必要です。講義など座学中心の研修による技能習得には一定の限界があることから，S.S.F. では，模擬訓練，実地訓練および OJT に至るまで体系化された研修システムを運用しています。その際，専門性の違いや経験の差などによって異なる認識が生じぬよう，NHK などの密着取材の映像や実践事例の再現 VTR，実際の音声など独自開発した教材を使用した模擬実践を行うほか，実地訓練および OJT に関しては，経験と実績を有する職員の随行指導のもとで行い，支援介入困難度に応じた導入から標準，熟練レベルへと段階的に移行を図ることで，着実にスキルアップを図れるよう配慮しています。また，このプロセスに支援を受ける側の子ども・若者，当事者からの評価を組み入れることで，より実践的な能力を有する支援員を養成，選抜していることも従来型の窓口との違いかもしれません。

「どんな境遇の子どもも見捨てない！」限界を補うネットワークづくり

多職種・多世代連携を前提とした組織づくりなど実態に即した対策を講じることで，限られた専門職・人員で実施されてきた従来型の窓口対応の限界突破を図るわけですが，当然，一組織単独で解決できることにも限界があります。ならば，その組織的な限界も真摯に受け止めたうえで，対策を講じる必要があります。そこで，重視しているのがネットワークづくりです。

現在，S.S.F. が参加・構成する重層的なネットワークは，地域レベルから全国規模のネットワークに至るまで，24 を超え，連携協力団体は，優に 1000 を超えています。1 つひとつの連携は，いうまでもなく相応の負担を伴います。S.S.F. は行政機関ではありません。あらかじめ財源などが確保されて動いているわけでもありません。それでは，なぜ，膨大な労力をかけてまで連携協力体制を構築する必要があるのでしょうか。そこには，「どんな境遇の子ども・若者も見捨てない！」という，S.S.F. が追い求めるミッションがあります。

社会問題化している貧困や虐待の連鎖に示唆されるように，「自分には関係ない」「誰かがやってくれるだろう……」，先送りの論理は，社会的孤立に関わる問題の悪化を招くだけでなく，孤立する人々のさらなる増加を生みかねません。だからこそ，「つながる」のです。1 人でできることは当然限られます。

ならばできる人に頭を下げてでもチームをつくってみる。それでも対応が難しい問題が想定されるのであれば，組織化する，さらに困難が予測されるのであれば，ネットワーク化を試みてみる。このように，「負の連鎖」「悲しみの連鎖」は「つながり」の中で断つ！ といった覚悟に基づくネットワークづくりが，伴走型支援を展開するために必要な取組みであると S.S.F. は考えています。

5　アウトリーチと伴走型支援がもつ
　　ポテンシャル

　第3節で紹介したD君に，ひきこもり状態から脱却し進学を決めた際に問いました。「ひきこもっていた当時，どんなことを考えてたの？」，するとD君は当時こう答えました。「毎日毎日死ぬことしか考えられなかった……」と。D君の振り返りの言葉が物語るように，ひきこもるなどして社会的に孤立することは，ときに想像を絶する苦しみを当事者にもたらします。しかし，その社会的孤立からの脱却のプロセスは，過去の傷つきや悲しみ，葛藤を乗り越えることを通じた，人としての成長の機会でもあるのです。D君は，希死念慮を抱くほどの苦しみを克服する過程で，思いやりや優しさ，思慮深さを身につけ，今度は誰かを支えたいとボランティアとして，困難を抱える子どもたちのサポートに回ってくれています。つまり，「伴走型支援」のつながりの中で負の連鎖が断たれることによって，思いやりや優しさの正の好循環が生まれ，その「バトン」が多くの子ども・若者へと引き継がれています。

　本章では，子ども・若者支援領域，とりわけ「ひきこもり」など孤立する子ども・若者を対象としたアウトリーチの実践をもとに，「伴走型支援」とアウトリーチのあり方について考えてきました。いうまでもなく，私たちが寄り添う子ども・若者，当事者は，1人ひとり，個々人の状態も，所属する環境も，孤立に至った経緯も異なります。第2節で紹介した「価値観のチャンネル合わせ」に象徴されるように，孤立する子ども・若者，当事者と「つながり」を回復するためには，個々人の価値観，感覚レベルに至るまで，徹底的な当事者理解が必要になることも少なくありません。また，彼らが抱える複合化・深刻化

した課題に対処することを想定すれば，官民問わず，教育，医療，福祉，労働などさまざまな相談窓口や制度，社会資源の利活用が必要となります。さらに，深刻化する社会的孤立に関わる問題は，既存の制度，社会のあり方などの矛盾の中で生じていることを考慮すれば，子ども・若者，当事者，1人ひとりに合わせてオーダーメイドで創り出していくといった発想も大切なことだと思います。

　S.S.F. は，設立以来，社会的孤立・排除を生まない支援体制の確立をめざしており，S.S.F. が実践するアウトリーチと「伴走型支援」は，不可分一体の手法であり，社会参加・自立に向けては，一個人一組織で担えるものではなく，協働的・創造的な支援手法であるべきものと考えます。本章で紹介した各種実態調査が示すように，「社会的孤立」のフィールドには，教育，医療，福祉，労働など関連制度の課題が複雑に重なり合う傾向にあります。誰ひとり取り残さない！ といった覚悟のもとで展開するアウトリーチと「伴走型支援」の実践の先には，子ども・若者，当事者にとって希望ある未来はもとより，関連制度の改革の道筋，引いては社会が変わるべき方向性も見えてくるのではないかと考えています。

第6章

越境する伴走型支援

大原 裕介

Profile ————————

　社会福祉法人ゆうゆう理事長。2005 年，大学生のときにボランティア
センターを立ち上げ，2007年，NPO 法人を設立。北海道石狩郡当別町を
中心に活動。福祉が中心にありながら，さまざまな領域へ進出していること
が特徴である。障害者支援，農業，農園レストランやカフェの運営，就労サ
ポート，地域福祉支援，介護支援事業，放課後デイサービスなど，子どもか
ら大人まで，助けを必要としている人がいれば年代に関係なく手をさしのべ
る。300 名を超えるスタッフには，元学芸員やパティシエ，デザイナーな
ど違うフィールドで活躍してきた人も多い。その活動は福祉を超えた共生社
会へとつながっている。

1 「私で」ではなく「私たち」でおりなす

ある男の子との出会い

　私が大学4年生のとき，ある男の子と出会いました。北海道当別町の北海道医療大学にいた私は，まだ1歳にも満たないダウン症の男の子を抱っこしたお母さんと出会いました。お母さんは生まれたばかりのわが子に対して，「大人になったダウン症の方を見るとなぜか切なくて涙が止まらなくなる」とおっしゃっていたのを，今でも鮮明に覚えています。

　現状にも将来に対しても，非常に悲観的になっていたそのお母さんが，「この子よりも自分のほうが長生きしたい」とおっしゃったのです。この一言が私にとっては衝撃的でした。私は「どう思う？」と聞かれたのですが，お母さんの涙に心打たれて，言葉に詰まりました。

　ただ，瞬間的に出た言葉は，「正直に言ってお母さんの気持ちはわからない。自分は子育てどころか結婚すらもしていない。ただ自分はそのお子さんには思いを寄せることができる。20歳過ぎた自分が，仮に今母親に，そんなことを思っていたと言われたら，私はおそらく絶望する。私はこの子の味方になっていきたい」というものでした。

　そこから，彼とお母さんとの付き合いが始まりました。まだ小さくて本当にかわいらしいその子は，内部疾患もあって便意を感じることができない。腸の手術をしたときに命は取りとめたものの，神経をある意味で犠牲にしないと救えなかったためです。つまりずっとおむつをつけたまま。これにはお母さんも非常に悲観的でした。

　彼が小学校の中学年になる頃，ふと疑問に思いました。本当におむつを外すことができないのかと。医師が言うから，医学的な根拠があるからということを言い訳にしているのではないかと，そんな疑問を小学校の先生にぶつけて，一緒にやってみようと，1年ほどかけて学校の先生と一緒にトイレ・トレーニングに取り組みました。これが功を奏したのか，科学的なエビデンスはありませんが，今，おむつをしていません。20歳の彼は，大学の中にあるカフェで店員として働いています。おむつをしていたら，カフェで働くことが実現する

ことはなかったと思います。

彼との出会いから考える伴走型支援

　私はケアラーとして彼をサポートしていたのですが，その後さまざまな仕事をする中で，彼と常に一緒にいたかといったらそうではありません。しかし，常に彼とつながり続けていました。彼の可能性や将来を一緒に見据えながら，もちろんお母さんとも意見を交わしながら，20年彼と付き合ってきました。

　「伴走」を「つながり続ける」ということに置き換えるのであれば，これは私1人ではできません。とても長い道のりですし，また，一方的なニーズとか思いに応え続けるということでもなくて，やはり互いに対話をしながら進めていく歩みでもあると思うからです。

　「福祉にゴールはない」という言葉をよく耳にします。私はそうではないと思っています。言い換えれば，伴走型支援にゴールはあるということです。「便意を感じられた」「高校に入学できた」「カフェに就職できた」など，彼のライフヒストリーの中に，ゴールはあり，そこで自分やチームを認めていかなければ，伴走型支援はなかなか続かないのではないでしょうか。

　そして私1人で誰かの横を走ってフルマラソンをするのではなく，むしろさまざまな人たちとタスキをつないでいき，そのタスキをつなぐ相手がたくさんいればいるほど長く走り続けることができるわけです。

タスキをどのようにつないでいくか

　何か義務的につくるケアプランや支援計画でタスキをつなげていくのは難しいです。なぜなら，それらは目的ではなく，手段にすぎないからです。タスキに込められていく共通の思いを，どのようにつないでいくのかということが大事だと思っています。

　たとえば私が彼に思いを寄せられたとしても，次にタスキをつなぐ人がその思いを彼に寄せられるかどうか。ご本人を思ってやったことが，うまく周りに伝播していかない，うまく伝わらない。そういう苦労は福祉の現場で多々あると思います。

　このとき大事なのはタスキを受け取るほうもタスキを受け取ることによって

何か自分にもたらされるものがあるということを，互いに対話の中で見つけていくことだと思うのです。

　受け取る側にとってこのタスキに何の意味があるのか，彼と伴走していくことにどのような価値があるのか，自分に何がもたらされるのか，自分に何が返ってくるのかということが，しっかり打ち出されていないとタスキはつながっていきません。

　福祉関係者だけでタスキをつないでいくのなら，それはたぶん簡単だと思います。職業として，たとえば「ゆうゆう」という組織の中での合意形成や伝播させていく方法は，教育や，ケースをつなぐときの手法などによって，いくらでも改善できます。

　しかし，たとえば学校の先生やボランティアなどの，福祉関係者ではない人たちをつなげていくのが難しいのです。私がトイレ・トレーニングを一緒に取り組んだ先生とは，運命的な出会いでした。私の感じていることや取り組みたいことも理解し協力してくれる方でした。しかしながら，その思いを伝えるだけではうまくいかなかったと思います。学校の先生には学校の先生の立場がある。学校という土俵での相撲があるわけです。もちろん，この子に対する共通した思いや，この子に対するさまざまなケースヒストリーは当然語るのですが，そこに自分が参画すること，伴走者として加わることが，情緒的な動機づけだけだと続いていかないのです。相手の立場を理解したうえで，その人にとっての価値・意味を見出していくために，「伴走する人を伴走する人」も必要だと思います。

伴走する人を伴走する

　最初の動機と，タスキを受け取ったときの動機とで，伴走する中で変化していくことは当然あります。それが仮に私の中で理解できない受け取り方だったとしても，その人がやっていく中でその人なりに見出していくおもしろさに，伴走者として付き合うことができます。

　ある自閉症の男性が就労事業所に通っていました。今まで送迎をお願いしていた方の都合が合わず送迎できなくなったので，自分1人で行くか親が送迎をすることが必要になってしまいました。移動支援というサービスを使って，ヘ

ルパーが電車に乗って2駅先のそこまで送り届けるということは，制度上無理だったのです。ヘルパーの通勤通学支援というのは自治体として認められないと，たいがいプロは断ります。「違う事業所にしませんか」という言い方で，あきらめさせるための言い訳を考えるのです。そこでタスキは途絶えてしまいます。

　そんなとき私たちが白羽の矢を立てたのが，ある団塊世代のお三方でした。「自分は地域のために何かしたい」「当別町に移住してきたが，時間があるから何か役に立てることをしたい」ということでボランティアに登録してくださった方に，通勤支援を依頼したのです。

　そのお三方は，それまで障害のある方と向き合ったこともないので，最初は私たちがOJTに入り，電車の中で彼に配慮すべき点などをお伝えしました。ひと月ほどで自分たちでローテーションを組んでやるようになりました。

　最初の動機は，「頼まれたからやるか」という感じだったと思います。そのうちに，彼ら自身が楽しくなっているのがわかりました。もうかわいくてしょうがないと。あるときに，「家に彼を招いていいか」とお聞きになるのです。「妻にも紹介したい。家で2人でご飯を食べていても味気ないし。でも福祉のサービスの人がそういうことをしていいのかと，ちょっと気になってさ」と。私は「そんなのお気になさらずに。これは制度が絡んでいないサービスですから大丈夫です」と言ったわけです。しばらくその方は，定期的にその家に食事に行ったのです。彼がいることでこのご夫婦も輝きだしたのです。

　最初は，もしかすると「頼まれたから」と，あまり乗り気じゃない中でやっていた方が，いつのまにか彼をお孫さんのようにかわいがるという関係性ができあがる。

　自分がすべてやるというプロフェッショナルもあると思うのですが，自分がやろうとしていることをいろんな人たちの力を通じてなしていく。さらにいろんな人たちが，やっていくうちに自分も楽しくなっていく。それがないと，なかなか伴走は成立しないのではないかと思います。

2　対話と共感

その人を知るために対話をする

　福祉サイドがボランティアをお願いするときに，「○○さんが困っているからあなたの力が必要なんです。ぜひ手伝ってほしいんです」という言い方をすることがあります。これはものすごく配慮された言葉なのですが，制度では埋めきれないものをボランティアで何とか埋めたい，という福祉サイドの目的のために，一方的な説得になっていることが多い気がします。

　私は，「その人にとっての」というところをきちんと慮れるかどうかが非常に大事だと思っています。その人が「いいよ，やるよ」と言ったその言葉にどういう意味があるのか，なぜこれを引き受けてくれるのかについて，なぜであろうと考え続けることが大切です。

　たとえ自分の意と反する答えが返ってきたときにも，「そうは言わずによろしくお願いしますよ」という押しつけの説得ではなく，ここでまた対話を繰り返していきながら，その人のもっている価値観や考え方を自分たちでしっかり受け止めていくことが必要だと思います。

　共感というのは，納得やポジティブなものでなくてもいいと思うのです。違和感や，場合によってはその人とのちょっとした違いなど，そういったものを感じるのも共感だと思うのです。たぶん相手もそう感じているはずです。

　そういったところをきちんと埋めていくような対話をやっていこうと思っています。

　その人と対話をしていこうとするとき，まずその人自身のことを知ろうと思います。こちらから何かを持ち掛けたりお願いしたり，一緒の仲間になってもらいたいというときに，たぶんこちらの一方通行のものでは成り立たないので，しっかり好奇心をもってその人を知ろうとすることが大切です。

多様なアプローチから対話が生まれる

　たとえば，ケース会議の中で「この問題点をどうしていきましょう？」という会議の問いからスタートしてしまうと，非常に閉ざされた解しか生まれない

可能性があります。もしくは，評論的な会議となり，アクティブなネクストステップが生まれない場合も多い。まずは，それぞれの価値観，感覚，経験の中で，どういうふうに捉えるかという多角性をつくっていくことから始めるとよいかもしれません。

やはり人の何かに関わるときに，1つのアプローチだけでは成立していきません。その多角性をどういうふうにストラクチャーしていくのかということがケース会議だと思うのです。さまざまな角度の視点をもっている方々と，フラットに議論できる場がないと，タスキをつないでいき，つながり続けることはできないのではないかと思います。

だから，さまざまなアプローチをする人が，1つのチームの中にいたほうがいいのです。問題解決的なアプローチをする人がチームにいてもいいと思いますし，問題解決アプローチを志向する人に対して違和感を感じて「本人はそれを望んでいるの？」と問える人がいることも重要，「何かもっと楽しい展開できないの？」という人がチームにいてもいいのです。チームは多様性の中からつくられていかないと，非常に偏ったものになってしまいます。専門職だけでの多角的アプローチは，偏った多様性を生み出すことに陥ることも認識しなくてはなりません。福祉や医療だけでは当然，人々の暮らしを支えることができないわけです。だからこそ，チームには専門職以外の人たちも入れたほうがいい場合も多いと思います。

組織の中での多角的なアプローチも必要であると思います。ゆうゆうでは，料理人やパティシエ，農業者や学芸員など，さまざまな職種の人がいます。福祉以外の学問を学んだ若者たちもいます。そういう彼ら彼女らが捉える「福祉」に対する異質性をおもしろがることができるか，という視点を組織の中で育てていきたいと思っています。

3　福祉を福祉で完結しない

夕張で始めた配食サービス

学生の頃，なぜこの人たちがこんな暮らしぶりをしなければいけないのか，

これは不条理だろうという思いがモチベーションになって，それを行政やさまざまな関係者にぶつけてきました。

　その考え方が大きく変わるきっかけになったのが，夕張市が財政破綻したときの出来事です。

　夕張が財政破綻したときに，これは一大事と，私は単身夕張に飛び込みました。障害者や高齢者にしわ寄せがあるだろうと勝手に思い，何かできることはないかと飛び込んだのです。

　夕張に残ったのは志のある役所の方や，自営の方，障害者や要介護者，そして移り住みたくてもどこにも移り住めない方，いわゆる「困窮」といわれる方々が多くいました。あるご高齢の方にお話を伺うと「おれらは姥捨て山に捨てられたようなもんだから」とおっしゃっていたのが非常に印象的でした。

　私たちは夕張市の地区会館の拠点管理を始めることになりました。あるとき，8050問題（80歳の親御さんと，50代の精神障害の方）を抱えたご家族の方が来て，「何とか自分の娘・息子の居場所をつくってほしい」と話されました。財政的に非常に厳しいながらも事情を理解した市役所の方々と喧々諤々やってプランを練り，住民説明会を経て事業を実施するところまで漕ぎ着けました。

　ところが，住民説明会では，みなさん喜んでもらえると思いきや，罵声怒号の嵐でした。「何で障害者が働くのにお金なんかつける」「じゃあ，ごみの有料化は無料化にしろ」「今までの公衆浴場は無料だったのに戻せ」など。私は途方に暮れました。しかしながら，少し時間をおいて考えてみると，住民の方々のリアルな声を聴いたときに，「あ，その通りだな」と思ったのです。ほかにこんなに苦労している人がいるのに，なぜ障害者だけ働く場所まで用意してもらって，何でだろうという疑問は当然だよなと。私は障害者福祉の一方的な理屈を押しつけて，よいことをしていると勘違いしていたのです。

　福祉サービスや福祉制度の中だけで，いわば保護的に保護者の方が望むものだけをつくっても障害者は生きていけないし，この町ではたぶん追い出されてしまうだろうと。

　福祉だけをやって，福祉の必要性を一方的に訴えていくのではなく，相手の困っていることもポジティブに変換しないと，本当に融合していくことはできないと思ったのです。

融合するためにはどうすればいいのか，を考え続けました。考えても策は浮かばないので，改めて夕張の実態を俯瞰的に捉えるために，厳しい意見をくださった方も含めてお話を聞くことにしました。そこでみえてきたのは，夕張では民生委員や児童委員がもう高齢で，範囲が広域すぎて地域の見守り・助け合いができないという夕張の実態でした。行政も最低限の人数しかいない，町内会も脆弱化してしまい，なかには役員を担う人もいないので町内会を存続できないエリアもありました。当然，1人暮らしの方の安否確認の方法もなく，孤独死が問題になっていました。

　そこで，私たちが企画したのは，障害者がお弁当をつくり，高齢者のお宅に配送する配食サービスです。障害者が担い手となり，地域の困りごとをビジネスにすることです。

　事業を始めて1年後には，彼らはヒーローのように扱われていました。彼らが，「あなたたちのおかげで助かっている」と言われ，彼らも自尊心が高まり，調理師免許をとり，現在支援員として働いている障害者もいます。

　結局「福祉施設」と呼ばれる場所で，異質性のある集団の中で福祉的なケアというものを施してということでは，自治はつくれないと思ったのです。このことは私にとってすごく大きな経験となりました。そして，みんなが困っている社会はやさしくはない。1人ひとり生きることが精一杯で余裕があるはずもないのです。では，そうした中で私たちはどうあるべきか。このことは，これからの社会の中で非常に大きなテーマであると思っています。

本格的なもので勝負する——他領域の人が福祉やケアの魅力に気づく

　夕張の配食サービスは，今も続いています。お客様は配食サービスの利用者だけではなく，一般の方や季節的に土木工事などで夕張を訪れている方々へと広がっています。福祉を売りにしたニセモノではなく，美味しいから続いているのだと思います。今の社会の中でマーケットはそれほどやさしくないです。どんなに制度を充実させたとしても，私たちは資本主義の中で生きているので，何かをつくって人からお金をいただくのであれば，やはり福祉を前面に出すのではなく，本格的なもので勝負しなければいけないと思っています。

　ゆうゆうでは，農福連携事業を実施しています。これまでは，小さなスペー

スで農業に取り組んできましたが，8ヘクタールの畑を買い，農業者を2名雇用してお米を年間14トンつくっています。

　農業者2名を雇用したのは，シンプルに農業をしたかったからです。福祉をするのではなく農業をする。それを実現させていくうえで，もっとも重要なのは人です。福祉をしている人に農業を学んでもらうのではなく，福祉の魅力やケアに関わる価値を理解し，これからの社会にとって自分のやっていることがどういう意義をもっているのかということを認識している福祉的農業者が農業を営んでいます。

　ただ，ここに至るまでのプロセスはそう簡単ではありません。異業種の彼らと心を交わす1つの方法として，ケースを大切にするという取組みをしてきました。

　中途採用されたスタッフからは，「ゆうゆうはケースの話ばかりしている」とよく言われます。ケースというと，深刻なケース会議でホワイトボードに向かってみんなで難しい顔をして話すというイメージがあるかもしれません。そんな会議もありますが，ちょっと違います。

　ゆうゆうでは「これをできるようになった」という話を笑ってしていることが多いです。飲み会の場でも，いつの間にかケースの話になっていたりします。意図的に仕組まれたものではありません。自然とケースの話が溢れている感じです。このような現場では，違う領域から来た人もそういった雰囲気に自然に染まっていったりします。

　「何かをさせないといけない」とか，「何かをできるようにする」，プロセスプログラミングをする必要ということではなく，トライした中での成功体験や，エラーが起きたときにみんなで「これどうする？」と話すことから生まれてくるものかもしれません。

できないことではなくできることに目を向ける

　ゆうゆうの農園では，かぼちゃをつくっています。先日かぼちゃを仕入れたいという方がきました。農業担当者がいろんな品種を用意していたのですが，その方が「一番これいいね」と言ったのが，ピッカピカのかぼちゃだったのです。機械の研磨機に入れて磨けばそれなりの「ピカピカ」にはなります。それ

こそスーパーで売っているような。ですがそのかぼちゃは，重度の自閉症の方が，1個のかぼちゃを長時間ずっと磨いていたものなのです。味や品種，形ではなく，人がこれほど長い時間をかけて磨いていたという，そこに感動したといって取引したくなったのです。

そういうことに出会うと，もともと農業分野にいた人は，そういう経験をしたことがないわけですから，「こういうことで人の心を打つんだ」と驚き，そこを必ずフィードバックしてくれます。

「自分たちがやっている仕事ってよかったんだ。かぼちゃ1個に何時間もかけるなら違うことをやってほしいと思っていたが，その無駄にこそ価値がある」ということに気づいていく。障害者のできないことよりも，できることに目を向けていく。1人ですべてをやる必要などなく，1つの仕事をみんなでつないでいけばいい。これまでの農業になかった価値観が育っていくのです。

4 「1人の想い」を文化にする

「1人のニーズからしか生まれない」

私たちが大学生の頃から言っていたのは「1人のニーズからしか生まれない」という言葉でした。これは，結局福祉というものが何か市場的にボリュームゾーンがあって，たとえば「このエリアは高齢者がこれだけいるから，こういう施設をつくって」というような福祉に対して皮肉を込めた思いもあります。

ですが，この皮肉的な福祉に侵食されてしまうような社会になるであろうとの危惧があります。結局少ないマンパワーやリソースで多くの高齢者を受け止めていく社会は，1人の思いをないがしろにする社会になるでしょう。合理的な福祉に収まっていくような社会になってしまうのではないかという懸念があります。1人ひとりの想いを大切にしていく，1人ひとりの想いから生まれた実践が文化として続いていく，そんな社会にしたいと理念を掲げて抗っているのが私たちです。

他方，テクノロジーが発展し，AIが福祉業界にイノベーションを起こす時代も到来すると思います。正しい合理化が広がっていくことに大きな期待感を

もっています。大切にすべき時間を確保していくための合理化は，福祉そのものを代替できるものではないのです。かぼちゃをひたすら磨く彼。なぜこのかぼちゃが売れるのか，AIにはたぶん訳がわからないでしょう。個々の部分を大事にしていく。これはAIにはできないことです。

1人を大切にするために1日を大切にする

　福祉というものがルーティンワークだといわれることがありますが，そうは思いません。実はルーティンワークだといっている人自身の問題であること，つまり，対外的な評価ではなく，支援者自身が変えることができる価値観であるということです。1日1日は可変的だということに気づいてほしいのです。毎日同じ日常なんかありえないわけです。毎日同じ人をケアしている日常が，昨日と明日とでは全然違うということを，しっかり感じてもらいたいのです。もしかすると手を抜いた1日と，自分として大切にした1日がまるで違うかもしれない。そういう意味では，まず自分がその1日としっかり大切に向き合えているかどうか，今日1日をどう生きたかを大事にしたいところです。私たちの支援は長く険しいものかもしれませんが，1日1日の積み重ねであることを忘れてはならないと思っています。

制度を道具として使う

　今，多くの支援が，ご本人がやりたいことをどう実現するかということを徹底的に掘り下げるのではなく，制度の中にその人をいわば当てこむようなところがあり，私は違和感を感じています。介護保険も障害者総合支援法も，非常に緻密につくられた，世界的にも優れた制度だと評価する一方で，そうした支援の現状には違和感を抱いています。

　私は制度は道具だと言い切っています。だけどその道具に何か翻弄されているわけです。道具の使い方の説明書を読んでいるうちに，道具の使い方だけ詳しくなってしまったような感覚です。

　道具がないなら使える道具をつくればいいのに道具がないと思った瞬間に，「これはできない，仕方がない」という言葉を多用している業界ではないでしょうか。私はできる限り「仕方がない」というふうには言いたくない。そこを

考え，そう考えたことを行動に移すことが大切です。

　ゆうゆうのミーティングで，中途で失明された69歳の方が，飲みに行きたいのに一緒に飲みに行く人がいないので何とかしたい，と話題になりました。ホームヘルパーは主婦の方なので外出支援をどのように組み立てるかの議論がスタートしました。同行援護など使える制度で支える部分の整理と，それ以外のことについては若いスタッフが応えていくことがいいのでは？　行く店はあそこのスナックがいいですかね？　など賑々しい議論となりました。その雰囲気と議論がとても私はうれしかったです。その人の人生をより豊かにしていくために，使えるものは使う。もちろん，しっかりコンプライアンスは遵守する。結果，制度が使えなかったら，議論で生まれたそれ以外の部分で支えるわけです。

　一度，みなさんの現場で，「同行援護で行けますかね？」「いやいや，飲みにいくのは無理ですよ」「じゃあ，仕方がないからケアマネから本人に伝えてもらいましょう」「はい，次のアジェンダ」のような殺伐とした議論を疑うところから始めてもいいかもしれません。

　できないことを，丁寧に話を聞いているふりをして，あきらめさせるところがあるのではないでしょうか。「気持ちはわかる」と言いながらあきらめさせる伴走型支援のようなものが多いような気がします。それはとても罪だなと思います。

　制度は，公平・平等をモットーに標準的な枠の中で何とかしようするところがあります。とにかく1人ひとりを大事にし，1人にこだわって1人から始まるということを徹底すればするほど，標準化を求める制度とは違う軸でやっていくことになります。

　制度を道具にする，制度だけに頼らないという，それがたぶん福祉だけでは完結しないというメッセージにもつながっていくのかもしれません。

　だからもし伴走が制度になってしまったら，寄り添うといいながらもあきらめさせるための伴走になっていく可能性も考えられます。あまり伴走や寄り添うということは制度化しないほうがいいのかもしれません。

　制度化するにしても，よりフレキシブルかつ，オーダーメードで，クリエイティブにつくれるように，どれだけ余白を残していくのかが重要だと思います。

そのためにも最初にまず地域に委ねられるものをしっかりとマネジメントして，そのうえで専門職と非専門職に委ねる部分を整理しないと，立ちいかなくなるのではないかと思います。専門職ができないことを非専門家が補うというのは，やはりナンセンスだと思います。

寄り添い，身近にある福祉

　このコロナ禍で多くの人が「人とのつながり」を再認識したと思います。

　ゆうゆうの応援団でボランティアの活動をしてくださっている団塊世代の方々とは，もう8年くらいのお付き合いになります。当時65歳くらいで退職されて，先ほどの通勤をしてくださった方もそのグループにいらっしゃいます。その方々が，今は「ここにいたら安心する」と言うのです。別の方も「あなたがいてくれるから安心だ」と。

　若い君たちが頑張るなら俺も何とかしないと，と思ってボランティアを頑張ったけど，もう自分もこういう年になってきたらすごく不安だと。だけどゆうゆうのスタッフとつながっているからすごく安心だ，というふうに言ってくださるのです。ああ，身近にある福祉ってこういうことだと思いました。すごくうれしかったですね。そういう言葉，つながり，出会いがあるとモチベーションになり，事業実践や事業開発のスイッチが入ります。

　この何気ない一言から，新しい実践が生まれてきます。「自分たちが何をしたいか」と考える前に，「自分たちが何を求められているのか」を捉えていくことが必要であると思います。その一瞬一瞬の積み重ねのような気がします。

次世代にタスキをつないでいく

　一昨年からライフワークのように取り組んでいるのは，子どもたちに対する福祉教育です。従来の擬似体験をするものではなく，リアルをテーマに当事者や支援者を招いて，これからの人口減少社会のリアルを子どもたちと一緒に考えたり，当事者や支援者のライフヒストリーから子どもたちの生きることを考えてもらう。ある意味，答えのない問いを子どもたちと一緒に考えていく教育プログラムです。

　ある高校に行ったときに，ゆうゆうの実践の話をした後，「自分のじいちゃ

んのことを思い出しました」と教えてくれる子どもがいました。じいちゃんは施設でまずそうなご飯を食べていること，でも施設に入れてお世話になっているから「仕方がない」と思っていたことを話してくれました。でも，話を聞いてやっぱり違うと思い，苦手な料理を覚えて週末にじいちゃんにご飯を届けたい，と目を輝かせて誇らしげに語ってくれました。

　どんな専門職のケアよりも一番うれしいケアであるに違いないわけです。彼が将来，福祉の仕事をするかどうかはわかりませんが，高校生の伴走者が生まれた瞬間でもあるわけです。

　ある高校では，「ゆうゆうで少子化対策に取り組んでいることはありますか」と質問してくれる子どもがいました。私はその子に1週間待ってもらって伝えた答えは，「今の子どもたちを大切にすること」と伝えました。

　これからの社会の荒波を多くのタスキをつないで誰かを支えていくときに，次世代を担う子どもたちや若者たちを大切にすることを真剣に考え行動していかなくてはならないと思っています。子どもたちや若者たちは，私たちよりも遠くまで歩き続けてくれる伴走者であるからです。

第7章

日本における伴走型支援の展開

原田 正樹

Profile

　日本福祉大学学長。地域福祉，福祉教育を専攻している。学生時代から障害者運動に関わり，重度障害者療護施設に就職する。その後，日本社会事業大学大学院を修了し，日本社会事業大学などを経て，2004年から現職。日本地域福祉学会会長，日本福祉教育・ボランティア学習学会会長などを務める。厚生労働省の地域力強化検討会（座長），地域共生社会推進検討会などに参画する。全国生活困窮者自立支援ネットワーク理事，全国社会福祉協議会・ボランティア市民活動振興センター運営委員などを務める。著書に，『地域福祉援助をつかむ』（共著）有斐閣，2012年，『地域福祉の基盤づくり――推進主体の形成』中央法規出版，2014年，『地域福祉の学びをデザインする』（共編）有斐閣，2016年など。

1 伴走型支援の生成

日本における伴走型支援の原形

「伴走型支援」とは，社会福祉の現場の中で実践を通して生まれてきた概念です。日本では 1990 年代から，この言葉が使われ始めてきました。たとえば，精神障害者が病院から地域移行する際の支援，あるいは障害のある人や若者たちへの就労支援などの分野で，「伴走」という支援が語られるようになってきました。それらは実践者からの発信でした。

それらが意識的かつ強烈なメッセージとして組織的に発信が始まるのは，2000 年以降，ホームレス支援の団体からです。当時，北九州ホームレス支援機構（現・NPO 法人抱樸）の理事長の奥田知志さんたちは伴走型支援の必要性を訴えました。これは従来の制度による支援とは異なり，むしろ法的サービスがない（制度外）支援の中で生み出されてきた哲学であり，実践でした。その後，2012 年からホームレス支援全国ネットワークでは「伴走型支援士」の養成を始めます。

そもそも「制度」が未整備な分野において，支援が必要と思われる人が支援を拒否したり，その前提としての生きる意欲そのものを喪失している状況にあって，申請主義を前提とした既存のサービスを当てはめるような支援は成立しません。

そのような状況の中で，何度もその人のもとに足を運び，繰り返しメッセージを伝えることで，ようやくその人との人間関係が結ばれる。「制度が人を支えるのではなく，人が人を支えるのだ」といわれるように，そのつながりこそが支援であるというメッセージが，現場の共感を生むことになりました。

2013 年に生活困窮者自立支援法が成立しますが，この制度の創設過程で，現代の生活困窮の背景には経済的困窮のみならず，社会的孤立があるという認識が共有されたことは，その後の日本の社会福祉に大きな影響を与えます。

孤立死や自殺，セルフネグレクトやひきこもり，ゴミ屋敷の状態で暮らしている人，虐待や DV，再犯防止などの問題の中にも社会的孤立の状況があるとされ，生活のしづらさのある人たちに対して，伴走する支援の必要性が広がっ

ていきました。

　この社会的孤立という問題にどう向き合うかという実践の中で、2000年代、コミュニティソーシャルワークといわれる個別支援と地域づくりを一体的に展開する支援が注目されています。日本でコミュニティソーシャルワークの必要性を提唱してきた大橋謙策さんは、ニーズの発見、サービスの包括的な提供、支え合う地域づくりといった機能を統合的に支援できること、またそれが展開できるシステムが必要であるといいます（日本地域福祉研究所監修、宮城孝・菱沼幹男・大橋謙策編『コミュニティソーシャルワークの新たな展開——理論と先進事例』中央法規出版、2019年）。

　豊中市社会福祉協議会のCSW（コミュニティソーシャルワーカー）の勝部麗子さんの実践などは、その典型的な事例として各地に広がっていきます。CSWたちは周囲からゴミ屋敷といわれ、迷惑がられている状況にある人たちへの支援を通して、ゴミ屋敷の問題は「ゴミ」の問題ではなく、「人」への支援の問題であることを明らかにしました。その中で共通していることは「社会的孤立」であり、そのために近隣の理解や支援の関係をつくりだしていきます。ゴミだけ回収しても問題の本質的な解決にはならないことを、実践を通して明らかにしていきました。

　本書で執筆されている浦河べてるの家の向谷地生良さん、ゆうゆうの大原裕介さん、スチューデント・サポート・フェイスの谷口仁史さんたちの実践に共通するのは、本人の存在を肯定し、1人ひとりのニーズに寄り添いながら、暮らしの場としての地域づくりやその先の社会のあり方を展望していることです。そのときに共通しているのは、本人や地域の強みを大切にしている点です。問題や課題の解決というよりも、その人と地域のストレングスを大切にし、ときにはそれを引き出しながら、共感と多様性を重視しながら、排除のない地域づくりを志向する支援こそが、伴走型支援の特徴かもしれません。

　そうした日々の実践の中から伴走型支援が形づくられてきたことは、日本らしい軌跡といえます。

社会的孤立に向けたアプローチ

　こうした伴走型支援の必要性が政策的に取り入れられたのは、生活困窮者自

立支援制度の検討過程（社会保障審議会「生活困窮者の生活支援の在り方に関する特別部会」2012年）まで遡らないといけません。先述したように，今日の生活困窮の背景には経済的な側面だけではなく，社会的孤立の問題があることが共有され，それに伴う支援のあり方が協議されていきます。この部会には，奥田さんや勝部さん，谷口さんなど現場の実践家も多く参画して議論を重ねました。今日の伴走型支援につながる核心になる議論はここから始まりました。

　生活困窮者自立支援から，地域共生社会という政策が形づくられていくプロセスについては，鏑木奈津子さんが『詳説 生活困窮者自立支援制度と地域共生──政策から読み解く支援論』（中央法規出版，2020年）の中で丁寧に論じています。

　生活困窮の議論をもとに，地域共生社会を構築するためのあり方を議論したのが「地域における住民主体の課題解決力強化・相談支援体制の在り方に関する検討会（地域力強化検討会）」（2017年）です。

　この検討会では，社会的孤立や社会参加を含めた地域生活課題の解決のためにはソーシャルワークが必要であること。またそれが展開できる包括的なシステムと地域社会の変革を視野に入れた地域づくりが一体的に推進されることが重要であると指摘されました。

　伴走型支援については，厚生労働省「地域共生社会に向けた包括的支援と多様な参加・協働の推進に関する検討会（地域共生社会推進検討会）」の最終とりまとめ（2019年）の中で，次のように位置づけられました（図7-1参照）。

　「保健医療福祉等の専門職による対人支援は，一人ひとりの個別的なニーズや様々な生活上の困難を受け止め，自律的な生の継続を支援できるよう，本人の意向や本人を取り巻く状況に合わせて，次の2つのアプローチを支援の両輪として組み合わせていくことが必要である」として，「具体的な課題解決を目指すアプローチ」と「つながり続けることを目指すアプローチ」の2つがあるとしました。

　前者のアプローチは「本人が有する特定の課題を解決に導くことを目指すものである。このアプローチを具体化する制度の多くは，それぞれの属性や課題に対応するための支援（現金給付，現物給付）を行う設計となっている」としています。

図7-1　対人支援において今後求められるアプローチ

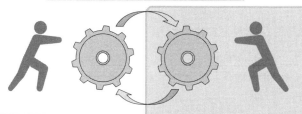

支援の "両輪" と考えられるアプローチ

具体的な課題解決を目指すアプローチ	つながり続けることを目指すアプローチ
・本人が有する特定の課題を解決することを目指す ・それぞれの属性や課題に対応するための支援（現金・現物給付）を重視することが多い ・本人の抱える課題や必要な対応が明らかな場合には，特に有効	・本人と支援者が継続的につながることを目指す ・暮らし全体と人生の時間軸をとらえ，本人と支援者が継続的につながり関わるための相談支援（手続的給付）を重視 ・生きづらさの背景が明らかでない場合や，8050問題など課題が複合化した場合，ライフステージの変化に応じた柔軟な支援が必要な場合に，特に有効

共通の基盤	本人を中心として，"伴走" する意識

個人が自律的な生を継続できるよう，本人の意向や取り巻く状況に合わせ，2つのアプローチを組み合わせていくことが必要。

（出所）　厚生労働省「地域共生社会推進検討会」最終とりまとめ。

　一方後者は「支援者と本人が継続的につながり関わり合いながら，本人と周囲との関係を広げていくことを目指すものである」とし，「個人や世帯が抱える課題が一層複雑化，多様化していることを鑑みると，伴走型支援を具体化する取組を強化していく必要がある」としています。

　この検討会の構成員であった菊地馨実さんは，社会保障法学という知見から，こうした相談支援について，憲法13条を根拠に個別のニーズに合わせた手続き的な保障として性格づけ，これからの社会保障として相談支援体制の整備にかかる一定の責務が生じるとしています（『社会保障再考——〈地域〉で支える』岩波書店，2019年）。

　これまでの対人支援は，課題解決アプローチが中心であり，本人や家族の課題を把握して，その課題解決や軽減のためにサービスを当てはめて解決しようとするものでした。制度内のサービスには，適用できるか否かという要件を判

第7章　日本における伴走型支援の展開　　**115**

定する手続きがあります。かつそれは本人からの申請があることが前提です。課題解決アプローチが悪いということではありません。課題が明確であり，サービスを利用することで生活が整うのであれば，こうした支援が必要です。

　しかしながら，現場ではこのアプローチだけでは解決できない状況がたくさんあります。課題が解決に至らない場合，支援自体が「失敗」として受け止められたり，支援困難事例，あるいは支援拒否事例として捉えられてきました。

　社会的孤立にある人の支援には，その人がこれまで生きてきた経緯も相まって長い期間を要することも少なくありません。何度も振り出しに戻ったり，課題が複合的であったり，また新しい課題が生まれたりして，「何も解決できていないのではないか」と焦燥感にかられます。そのような中，つながり続けること自体が支援であるという発想は，画期的な捉え方かもしれません。向谷地さんの，「今日も明日も明後日も問題だらけ，それで順調」という言葉にも表れているように，これまで語られてきたワーカーたちの語りの中にも，「そう簡単に解決につながるものでもない，失敗も支援経過の途中にすぎない，つながり続けることに意味がある」というメッセーがにじみ出ています。

　そもそも制度内のサービスだけで解決しようとしても，制度の狭間にある人たちが多いのでそうはいきません。また，課題解決至上主義になってしまうと，本人の課題，それも解決できそうな課題にばかり目がいきがちです。結果としてサービスを「提供する側」と「利用する側」と，はっきりと二分されます。そこに「つながり続けることを目指すアプローチ」が加わることで，支援者の立ち位置や関係性も変わってくるのです。

　また伴走型支援は専門職による支援と，地域住民との協働によってなされる支援があります。最終とりまとめでは，「専門職が時間をかけてアセスメントを行い，課題を解きほぐすとともに，本人と世帯の状態の変化に寄り添いながら継続的長期的な支援」を行う【専門職による伴走型支援】と，「地域の居場所などにおける様々な活動等を通じて日常の暮らしの中で行われる地域住民同士の支え合い，参加や学びのなかで役割や生きがいを創出していく支援」といった2つの実践主体が示されています。それらが重層的に取り組んでいくことで，セーフティネットが厚くなっていくのです。

2 伴走型支援とソーシャルワーク

伴走型支援とジェネラリスト・ソーシャルワーク

　地域共生社会政策では，地域生活課題（社会福祉法4条3項）に対応していくために，自治体ごとに包括的な支援体制（社会福祉法106条の3）の構築が求められています。

　地域生活課題とは，福祉サービスを必要とする地域住民と世帯が抱える，「福祉，介護，介護予防，保健医療，住まい，就労，教育」に関する課題。「地域社会からの孤立」に関する課題。そして「あらゆる分野に参加する機会の確保」の課題があるとされており，こうした「地域生活課題」を把握し，関係機関と連携しながら解決を図ることとされています。

　先述した地域力強化検討会（2017年）では，こうした包括的な支援をしていくためにソーシャルワーク機能の必要性を提起しました。ソーシャルワーカーには，「制度横断的な知識を有し，アセスメントの力，支援計画の策定・評価，関係者の連携・調整，資源開発までできるような，包括的な相談支援が担える」ことが必要であると報告されています。

　この報告書に基づき，社会保障審議会福祉人材確保専門委員会では社会福祉士に求められる役割について検討（2018年）をします。その中で社会福祉士は，ソーシャルワークの専門職として，地域共生社会の実現に向け，多様化・複雑化する地域の課題に対応するため，他の専門職や地域住民との協働，福祉分野をはじめとする各施設・機関等との連携といった役割を担っていくことが必要だとされました。

　その後，社会福祉士，精神保健福祉士の養成課程の見直し（2019年）が行われ，2021年度からソーシャルワーカー養成の新カリキュラムが導入されます。そこでは，よりソーシャルワークの機能が重視され，個別支援と地域づくりを一体的に展開する，ジェネラリスト・ソーシャルワークの考え方が反映されています。

　ジェネラリスト・ソーシャルワークについて，岩間伸之さんは「ソーシャルワークがもつ不変の価値を表に引っ張り出し，それを現代の潮流とソーシャル

リークの変遷を背景とした新しい枠組みで再構成したもの」（岩間伸之・原田正樹『地域福祉援助をつかむ』有斐閣，2014年，24頁）といっています。また彼は，ジェネラリスト・ソーシャルワークの理論が，「地域を基盤としたソーシャルワーク」の基礎理論であるとしています。

ソーシャルワークにおけるアプローチやモデルについては，歴史的に研究と実践が積み上げられてきました。

伝統的には治療モデルや問題解決アプローチ（代表的な研究者に H. Perlman），心理社会的アプローチ（F. Hollis），課題中心アプローチ（W. Reid）があり，1970年代以降には，ナラティブアプローチ（M. White & D. Epston），エンパワメントアプローチ（B. Solomon），実存主義アプローチ（D. F. Krill）といった広がりが出てきました。

こうした背景には，ケースワーク，グループワーク，コミュニティオーガニゼーション（コミュニティワーク）の共通基盤を明らかにして，統合化して捉えようとするジェネラリスト・アプローチがあります。その後，生活モデルやストレングスモデル，システム理論に基づくエコロジカルソーシャルワーク（A. Gitterman & C. Germain）などの影響をうけて，今日ではジェネラリスト・ソーシャルワークという考え方が広がっています。

こうした先行研究を踏まえて整理するならば，「伴走型支援」とは「ジェネラリスト・ソーシャルワーク」を志向しているといえます。その人の存在（実存）を基点に，エンパワメント（主体形成と開放）やナラティブ（物語）を重視したアプローチです。本人や地域の有しているストレングス（強み）に着目して，そのレジリエンス（回復力）に寄り添っていくのです。ここでいうストレングスは，「弱さも力になる」という視点が大切です。向谷地さんたちの当事者研究は，まさにこうした視点と重なります。

それゆえに，従来の治療モデルに依拠した科学的客観的エビデンスを根拠とした「具体的な課題解決をめざすアプローチ」とは力点が異なります。二者は対峙するという関係ではなく，「本人主体」という価値や哲学によって，ジェネラリスト・ソーシャルワークを展開していくという考え方といえます。

また伴走型支援を通して，その先に制度や社会の仕組みを変えていくことも必要です。生活困窮を自己責任に帰することなく，生活困窮を生み出す社会構

表7-1 「ジェネラリスト・ソーシャルワーク」の特質

	特　質	内　容
1	点と面の融合	・システム理論を基礎とした個と地域との一体的な対象把握 ・当事者システムから環境への波及的展開 ・交互作用を促進する媒介機能 ・直接援助と間接援助の一体的アプローチ
2	システム思考と エコシステム	・システム理論に基づく相互作用と交互作用 ・交互作用を活用した専門的介入 ・エコシステムの視座からの対象把握
3	本人主体	・取組みの主体としてのクライエント本人 ・エンパワメントに向けたストレングスの活用 ・ソーシャルワーク過程へのクライエントの参画 ・クライエント個々の「人間の多様性」の尊重
4	ストレングス・ パースペクティブ	・基調としてのポジティブ思考 ・本人と環境に存在するストレングスの活用 ・ストレングスを重視した問題解決過程 ・本人に合致したサポートシステムの形成と活用
5	マルチシステム	・マルチクライエントシステムとしての対象把握 ・家族とグループ等のストレングスの活用 ・マルチパーソン援助システムによる連携と協働 ・マルチシステムによる多様な援助形態

（出所）　岩間伸之，2008，「地域を基盤としたソーシャルワークの機能——地域包括支援センター
　　におけるローカルガバナンスへの死角」『地域福祉研究』36，40頁。

造そのものにも働きかけていく必要があります。ソーシャルワークの世界では，ソーシャルアクションといわれてきました。奥田さんや勝部さんたちは，コロナ禍にあって生活困窮者への支援の仕組みや制度の改革に向けたアクションをし続けています。

　ただし，ソーシャルワークは，専門職による支援です。専門職は対象者よりも支援に関する知識も技術も多く有します。何より支援をするかしないかを決める「権限」を有します。つまり権力的存在です。「パターナリズム」に陥らないための倫理の問題が常にあります。

　向谷地さんは「専門職幻想」として，専門職である前に1人の人間としての無力感から始まることを伝えています。このことはかつて地域福祉論を構想した岡村重夫さんも指摘しています（『地域福祉論』光生館，1974年）。彼は福祉コミュニティという考え方を提案しました。福祉コミュニティの中心には本人がいて，周辺に「代弁者・共鳴者」が必要だとしました。さらにその外縁に専門

職を位置づけました。代弁者，共鳴者とは，本人と一緒になって，その人の立場にたって権利擁護（アドボケイト）してくれる人たちの存在です。それは専門職ではなく，地域住民としたのです。ただし，地域住民がみな理解者ではありません。だからこそ，専門職が地域に働きかけていく必要性を説いたのです。こうした考え方が，その後の福祉教育の必要性や実践，あるいは今日的な市民後見につながります。さらには村木厚子さんが構想する「市民自立型社会」になっていくのかもしれません。

　こうした必要な社会資源を開発したり，地域や社会を変えていこうとするアプローチはとても重要です。この点は，ジェネラリスト・ソーシャルワークでは十分議論されていません。社会資源開発，地域福祉計画などの計画策定，包括的支援体制の構築，社会福祉分野以外との協働を含めた地域づくり，差別や偏見，社会的排除への働きかけなどは，これからのソーシャルワークにとっては不可欠な機能になります。岩間さんと私は，『地域福祉援助をつかむ』（有斐閣，2012年）という本の中で，こうした地域を基盤としたソーシャルワークと地域福祉の基盤づくりの両輪が必要だと考えてきました。

伴走型支援のめざす相互実現的自立

　地域共生社会の理念として，「支え手側と受け手側に分かれるのではなく，地域のあらゆる住民が役割を持ち，支え合いながら，自分らしく活躍できる地域コミュニティ」を育成することとされています。

　地域共生社会とは国家から押しつけられるものではなく，このことを権利として位置づけていくことが必要です。

　しかし，社会福祉基礎構造改革以降，社会福祉は「契約」に基づきサービスの提供者と利用者という二分された関係性が強くなっています。「支え手側と受け手側に分かれるのではなく」とすれば，この立場を分けてきたのは誰なのかが問われなければなりません。それは制度であり，制度の枠内だけで仕事をしてきた専門職ともいえます。この関係構造を問うということは，そもそも社会福祉とは，あるいは地域福祉とは何かを再考することにつながります。とはいえ，契約やサービスを否定するものではありません。でも人の存在を支えるということは，制度やサービスだけで成立するものではありません。

「参加支援」が強調されるのはこの点です。利用者として一方的に支援して
もらうだけではなく，生活者として「役割」をもつという参加の機会が確保さ
れることが不可欠です。社会関係の中で他者から承認されることが役割を意識
することにつながります。重層的支援体制整備事業で定められた「参加支援」
とは，まさにこのことを意図した新しい支援といえます。参加支援の内実を豊
かにしていくことが課題です。

　これはまさにケアリングコミュニティの思想につながります。ケアリングコ
ミュニティとは「相互に支え合う地域」のことです。その根底には相互実現的
自立（interdependence）という新しい自立観を据えなければならないと思います。

　20世紀，自立という考え方は拡大され多面的に捉えられ，自立した近代的
な市民像が描かれてきました。自立プログラムでは依存（dependence）から自
立（independence）へ，すなわち援助を受けなくて済むようになることを目標
にしてきたのです。そこでは能力的生産的な自立観や，他人に迷惑をかけるな
といった道徳的な徳目が強要されることもありました。そのことがかえって社
会的孤立を生んできたのかもしれません。奥田さんが指摘する「自立すること
が孤立に終わる」のです。しかし近年では，人間の存在の弱さそのものを認め
合い，自己完結的な自己実現ではなく他者との関係性の中で相互実現をしてい
く生き方が問われるようになってきています。

　伴走型支援にもつながった「助けてと言える」，受援力，寄り添う支援とい
った今日的なキーワードはそうした社会的文脈のもとに意識化されたものであ
り，生活困窮者自立支援制度の創設にあたっては，こうした「理念」が議論さ
れてきました。

　相互実現的自立（interdependence）とは，心理学の分野では依存的自立など
と訳されています。ただし共依存（codependence）とは異なり，互いによりよ
く生きていこうというベクトルを有しています。そこに存在していること自体
を承認し合える，まさに相互の承認と能動的な作用による関係性に基づく自立
です。とはいえ直接的な行為の交換を示すものではありません。自己実現では
なく相互実現という，自立を個人の中だけで捉えるのではなく，他者との関係
性の中で捉える視点が特徴的です。

　ボランティアの世界では，古くからボランティアする人とされる人といった

関係ではなく，双方向の関係性が大事だとされてきました。社会福祉協議会に設置されているボランティアセンターの前身である「善意銀行」を1962年に徳島県で立ち上げた木谷宣弘さんは，ボランティアとは何かと問われると，「相互実現の途」だと答えていました。ボランティアする側とされる側ではなく，相互によりよく生きようという関係性こそがボランティアの世界である，という意味です。彼は，ボランティアは自己実現のためではなく，相互実現をしていくことだと述べていました。

　個人が他からの援助を受けずに自立するのではありません。お互いが支え合いながらよりよく生きていける，あるいはサービスや社会資源を活用しながら豊かに生きていく，こうした自立観の転換が求められているのです。

　本書の執筆者は，「伴走型支援」における自立，あるいは自律の捉え方をそれぞれ問題提起しています。

3　伴走型支援の展開

伴走型支援の関係構造のフェーズ

　伴走型支援では，関係性が重視されると述べてきましたが，関係性は時間とともに変化します。かつ必ずしも，一定の法則に基づいて変化していくのではなく，本人と支援者との関係性において，行きつ戻りつ，その展開もそれぞれ異なります。1人ひとりに合わせて伴走するのですから，それぞれの支援が異なること自体が伴走型支援の特徴です。

　ただこれまでの支援者による実践知から3つのフェーズ（局面）に基づいて，支援の留意点を整理しておきます。

① 第1フェーズ——本人と支援者の関係形成「つながる」

　最初の状況は，支援者が本人と出会って関係を形成するときです。「つながる」ための段階です。セルフネグレクトや人間不信になっている人も多く，自らの課題を認識できていない場合もあります。自ら支援を求めない人に対してもアウトリーチすることで関係を築こうとします。

　勝部さんは，相手に直接会えなくてもずっと気にかけ続け，昼夜問わず訪問

を続けます。「その人を徹底的に信じる最初の1人になる」「一緒に動き，考え，一緒に怒り，悲しむ中で親身になる伴走者として本人が理解し始めたところからつなぐことが始まっていく」といいます。

谷口さんの言葉でいえば，この段階は「受け入れてもらっている立場」なのです。相手はこれまで相談して傷ついてきたのかもしれません。まず支援者が受け入れてもらえることから関わりが始まるといいます。

この関係性をつくるとき，伴走型の支援者は，「あなたに手伝ってほしい」とか「手伝わせてほしい」といった言葉を大切にしています。本人の自尊心を傷つけるような「支援してあげる」ではないのです。「支援臭」というそうですが，「私があなたを支援します」的な支援者からは，相手は逃げていくというのです。ところがそれを「支援拒否」事例とか，「問題ケース」にしてしまう。むしろ問題は支援者の側にあるといいます。

そして両者の間で「双方向」の「対話」を通したアセスメントが始まります。大原さんは「一方的なニーズや思いだけではなく，双方で対話をしながら進めていく歩み」が必要だといいます。奥田さんは，「その人が，これまで生きてきた中で，一番うれしかったこと，一番つらかったこと，そしてこれからどう生きていきたいか，この3つのことをきちんと話してもらえるようになれば，その人に必要な支援の姿は見えてくる」といいます。

こうした対話を通して，二者が「向き合う」だけではなく，これからの方向を一緒に向いて歩んでいくことになります。アウトリーチを通して，こうした対話ができるような関係をつくることから，伴走が始まります。ただし「対話」といっても，それは言語を介したコミュニケーションだけのことではありません。野澤さんが指摘しているように，本人の意思決定支援が基本であり，それを可能にする支援のあり方を模索していく必要があります。向谷地さんは伴走型支援を「人と人とが対話を重ねながら，生き方，暮らし方をともに模索するプロセスであり，具体的な生活実践である」としています。その際に当事者研究として「生きづらさの理解」をし，「弱さ情報公開」を通して，人と人とを結びつけようとします。

② 第2フェーズ──本人・支援者と他の人たちとの関係「つなげる」

伴走する支援者が直接課題を解決しない，というのも，伴走型支援の特徴か

もしれません。少しわかりにくい表現ですが，伴走型支援では「同行」を大切にします。そのことを通して，「つなげて」いきます。

　包括的支援体制では総合相談が必要で，それはワンストップであることが有効である，という解説が聞かれることがありますが，留意しなければならないことがあります。その人の相談を丸ごと受け止め，たらい回しにしないことは大事なことですが，各種の相談窓口が同じフロアーにあるとか，多職種連携で専門職が大勢集まっていたとしても，それで総合相談ができるわけではないのです。本人は何に困っていて，何が相談できるのかもわからないことがあります。何よりもその窓口まで出向くということが大きなハードルなのです。

　地域に出るということも同様です。何らかの不信感や失敗体験があり，長きにわたって地域との関係を断ってきた人にとって地域は怖いところなのです。最初の一歩を踏み出すことは並大抵ではないでしょう。

　支援者は本人と一緒に同行し伴走することで，制度のわかりづらさや矛盾，人や地域の温かさや冷たさ，その他多くのハードルなどをともに経験します。本人の「通訳者・代弁者」となり，一緒に悩みながら歩んでいく。そんな存在がいてくれることが力になるといいます。

　ただし，ただ横にいるだけではないのも支援者の専門性です。谷口さんは「事前準備」の重要性を指摘します。勝部さんは，「本人を支える人を増やす」ことを意識的に働きかけています。

③ 第3フェーズ——本人を中心とした重層的な関係づくり「つなぎなおす」

　伴走型支援をしている人たちの「つながり続ける」という言葉には，最期まで見捨てないという覚悟が表れています。だからこそ本人と支援者という二者間だけでなく，多くの人たちによって関係性を重層的にしていくことで持続可能なものにしていきます。とくに谷口さんは，二者関係だけで長期化したときに依存関係になってしまうことを心配しています。

　また時間の経過や本人の変化とともに関わる人たちも変わっていきます。そんなとき大原さんの言葉を借りれば，「伴走のタスキ」をつなぎながら，主たる伴走者が変わっていくこともあるといいます。むしろ「伴走する人を伴走する」支援も同時に行われていくのです。

　伴走者を増やすことで，本人の捉え方も多角的になり，より多くのストレン

グスに気づくことにもなります。そのときは専門職だけではなく，向谷地さんの実践では当事者同士もまた，伴走者の中に含まれていきます。多様な関係の中では，本人が支えられるだけでなく，他の誰かを支えるという選択肢も増えていくことになります。

　勝部さんは，たくさんの地域住民に伴走に関わってもらうことで，本人との関係を豊かにするだけではなく，本人と周囲が関わることで，地域の偏見や排除にも働きかけ，地域住民の気づきや活動を促していきます。結果として地域の中で新しいプロジェクトを創出していきます。地域づくりを通して，同じような課題のある人を発見し，支えることができるように地域力を高めているのです。

　こうした関わりの多様化・重層化によって，その人の関係性は豊かなものになっていき，そのこと自体がセーフティネットになっていきます。かつその人も誰かの相互実現の相手になっていくわけです。そしてこの積み重ねによって，地域づくりを展開していくことが，個別支援と地域づくりの一体的な支援になっていくのです。

　ただし予定調和的に関係が広がっていくわけではありません。途中にはうまくいくときも，そうでないときも起こります。場合によっては，「もどし・つなぎなおす」という支援も大切です。本人の変化もあるでしょうし，支援者や支援組織が本人と合わないということもありえます。

　こうした一連の段階の中で，行きつ戻りつ，直接的に課題が解決してもしなくても，本人と喜怒哀楽を共有しながら付き合い続けるという伴走型支援は，奥田さんのいう「家族的な機能」を社会が担っているともいえます。何かあったとき，戻ってこられる場所ができた人は，社会的に孤立はしていないのです。

伴走型支援を定着させていくために

　こうした支援は，支援者の価値観の転換や支援方法でとどまるものではありません。確認してきたように，伴走するということは，支援が長期化し，関係機関への働きかけなども含めて，従来よりも調整が必要です。つまり支援のエネルギーも，時間もコストもかかることが想定されます。それらを支援者の努力だけに押しつけてはいけません。一方で，伴走しているからといって，必要

な支援が先延ばしになることも戒めなければなりません。

　そのためにも伴走型支援についての評価指標が必要です。それに基づいて予算措置や人員体制の整備が不可欠です。1つの評価指標は，その人に関わる人たちがどれだけ増えたかという点（関係性），あるいはその人が関わる場所やプログラムがどれだけ増えたかという点（参加）などが考えられます。でも増えた「数値」だけを成果にしてしまうと，それは「課題解決型」の支援と変わりません。伴走型支援では，その過程「プロセス」こそ大事にしなければいけません。その意味では支援の記録が重要になります。

　伴走型支援は，標準化することは難しいですし，支援者と対象者との関係性の中で変化していくものです。しかし，公的な支援としてそれを実施していくわけですから，なぜこうした支援をしているのかという説明ができなければなりません。それゆえに，支援者は専門職として説明責任が求められます。その方法の1つが記録です。記録を通して支援のプロセスをリフレクションしていくことになるのです。

　また同時に専門職による伴走型支援においては，専門職に対してその場で判断する裁量が認められなければできない支援です。伴走型支援ができる専門職であるという判断のもと，一定の裁量とそれを支えていくチームのような体制を整えていく必要があります。

　そのためにも伴走型支援の考え方や方法を身につけていく研修が不可欠です。ただそれは知識や技術だけの修得ではありません。お互いの関係を育むわけですから，支援者の価値観が問われる場面も多くなるでしょう。これまでの支援観を変えていくことが求められますから，スーパービジョンが大切になります。伴走する中では，支援者が「ゆらぐ」ことが多々あるでしょう。尾崎新さんは，専門職が援助の過程で，自らが揺らぐことができる力を有することが大切であると指摘しています（『「ゆらぐ」ことのできる力』誠信書房，1999年）。伴走型支援にとって，支援が「ゆらぐ」ことは悪いことなのではなく，むしろ本人に寄り添えば寄り添うほど，支援者としてゆらぐことでしょうし，それは大切にしなければなりません。ただそのときに支援者を受け止めてくれる存在として，スーパーバイザーの養成も必要です。

　そして何よりも支援の安定（専門性の向上）のためには，安心して働くこと

ができる雇用の安定と，支援者への支援がしっかりと整っていなければなりません。支援者自身が，支援を通して成長できるような継続した雇用の仕組みがなければ，専門性を育むことはできません。行政による人件費の委託の考え方を変えていく必要もあります。

　また，伴走型支援の支援者だけが困難事例を担っていくのではなく，伴走型支援の価値や支援の機能を，より多くのソーシャルワーカーをはじめとする対人支援に関わる専門職が理解して，そのための支援会議などの仕組みを整備していくことが大切です。以上のような点については，これから始まる重層的支援体制整備事業の中で，議論していかなければなりません。

伴走型支援がつくる社会のカタチ

　伴走型支援では，従来の課題解決型の支援，あるいはそれを制度として位置づけてきた枠組み，それを支えてきた価値観だけではなく，オルタナティブな支援論を提案しています。繰り返しですが，現時点では，課題解決型支援と伴走型支援はそれぞれ必要な「機能」であると考えています。ただし本音は，伴走型支援をしっかりと普及していくことで，課題解決型支援の質を高めていけるのではないかと考えています。

　それは現場での支援内容や方法だけのことではなく，支援に携わる人たちの価値観，社会の価値観を変えていくことにもつながります。大原さんは「1人の想いを文化にする」，向谷地さんは「人を大切にする文化」といいます。それは文化のあり様にも波及します。

　村木さんは，「たくさんの伴走型支援の物語が縒り合わされることで，社会がより優しく強くなる」ことを希望として示しています。

　支援する側とされる側という関係構造を，少し変えてみることで，その関係性は柔らかくなるかもしれません。個人と個人のことだけではなく，硬直した社会の関係構造にも当てはまるかもしれません。本人を中心とした社会のあり方，相互実現ができるような関係性，つまり多様性を認め合い，包摂的な社会をめざしていくということは，従来の親密圏や公共圏のありようを含めて，社会構造のリレーションシップを変えていくことにつながっていきます。

　地域共生社会推進検討会の座長を務めた宮本太郎さんは，今日，地域に広が

る社会的断層を打開し，共生を可能にしていくために，支える側を支え直し，支えられる側の参加機会を拡大し，共生の場を構築していくという「共生保障」を提唱しています（『共生保障——〈支え合い〉の戦略』岩波書店，2017 年）。

　伴走型支援とは，そうした相談支援が展開できるシステム，体制，仕組みを生み出していく可能性があります。その哲学や価値を社会で共有していくことで，私たちの生活様式を変え，社会保障改革をはじめ，新しい社会のカタチを模索していくことにつながるのではないでしょうか。

　　＊本章では，本書で執筆されている執筆者の言葉やメッセージを引用ではなく再掲することで，伴走型支援の全体像を紡いでいます。

第Ⅲ部

新しい社会を構想する

第8章

伴走型支援と当事者研究

向谷地 生良

Profile ————————

　北海道医療大学（大学院・看護福祉学部・先端研究推進センター）特任教授，（社福）浦河べてるの家理事，ソーシャルワーカー。

　青森県十和田市出身。1978 年より北海道日高にある総合病院精神科専属のソーシャルワーカーとして勤務し，メンバーとともに「浦河べてるの家」の設立に参加（1984 年），日高昆布の産直をはじめとする事業を推進，2001 年に「当事者研究」を創始し，自助活動や相談支援に取り入れる。2003 年 4 月より，北海道医療大学で教鞭をとりながら，国内はもとより海外における「当事者研究」の普及と交流をめざした活動と研究を続けている。2020 年より，学校法人北星学園理事，一般社団法人伴走型支援協会の代表理事，2021 年より北海道医療大学名誉教授。

　著書に，『べてるの家の「非」援助論――そのままでいいと思えるための 25 章』（共著）医学書院，2002 年，『技法以前――べてるの家のつくりかた』医学書院，2009 年，『「べてるの家」から吹く風（増補改訂版）』いのちのことば社，2018 年ほか多数。

はじめに

　最初に，当事者研究の紹介をする前に，当事者研究が生まれた北海道日高の浦河町と当事者研究という活動を生み出した「浦河べてるの家」（現・社会福祉法人，以下，べてる）を紹介したいと思います。

　浦河町は，図 8-1 にあるように札幌市から 180 km ほど南東に下った太平洋岸に面した町で，日高昆布などの漁業や競走馬の育成，最近では，夏イチゴ（すずあかね）の生産地としても知られ，出荷量は日本一を誇っています。そのように豊かな自然環境を活かした地場産業に支えられている浦河ですが，例に漏れず 1960 年をピークに人口減が続き，私が浦河町に赴任した当時（1978 年），およそ 2 万人だった人口は 1 万 2000 人を下回り，過疎化とともに，少子高齢化が進んでいます。

　私は，1978 年に町内にある総合病院精神科が進めていた地域精神医療の展開を推進するために日高管内初めてのソーシャルワーカーとして採用となりました。表 8-1 にあるように，当時，すでに浦河では，アルコール依存症をもつ人たちの断酒会と家族会，精神障害者回復者クラブと精神障害者家族会などの自助活動が盛んで，その活動を支える保健所，町，福祉事務所などを巻き込んだ関係機関の緩やかなネットワークができあがっていましたが，断酒会活動の活発さは，それだけ地域に広がる酒害の深刻さを物語っていました。

図 8-1　北海道日高の浦河町

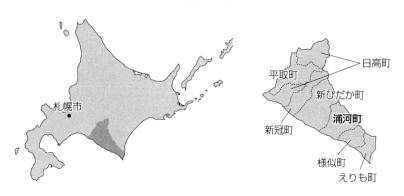

表 8-1　浦河における精神保健福祉活動の歩み

年	活　　動
1975	日高東部断酒会杉乃芽会発足
76	精神障害者家族会若駒会，回復者クラブどんぐりの会発足（その後休会状態）
78	回復者クラブどんぐりの会再開
79	向谷地旧会堂に入居
80	佐々木実氏旧会堂に入居，他のメンバーも迎え共同生活開始
80	子ども（精神障害などの親をもつ）の学習支援「土曜学校」（現・ノンノ学校）開始
83	AA（アルコホリック・アノニマス）発足，メンバー有志が昆布の下請け事業開始
84	浦河べてるの家設立
2001	S・A（Sehizophrenics Anonymous）発足
02	「当事者研究」の開始，社会福祉法人「浦河べてるの家」設立
03	当事者研究全国交流集会開始
06	NPO法人セルポ浦河設立
06	全国精神障害者回復者クラブ連合会浦河大会開催
08	メンバーの起業支援を目的に協同オフィス開設
10	東京プロジェクト：ホームレス支援の拠点開設（べてぶくろ）
12	当事者研究ネットワーク設立（事務局浦河べてるの家）

1　いつでも，どこでも，いつまでも

　浦河に赴いて何よりも驚いたのが，寒い浦河でホームレスを余儀なくされている人がいたことです。初老のアイヌの男性でした。病院職員は救急患者の夜間対応を輪番で行っていましたが，その仕事の1つに，夜間に寒さをしのぐために病院に入り込むホームレスの人を"追い出す"という役割がありました。その男性は，いつも"ワンカップ"をポケットに入れて酔った勢いで農協の窓口に行き「オレの土地，返せ」と喚くことで有名でした。もちろん，誰もそれを真に受ける人はいませんでした。

　あるとき，いつものように病院に入り込み，ホールの隅で寝ている男性に声をかけ，ゆっくりと土地の話を聞いてみました。彼は，酒臭い息を吐きながら，たいへん具体的に「○○地域の○○牧場の土地は，自分の土地だ」と言い，農協や役場にかけあってもらちが明かないというのです。そこで私は，彼が自分の土地だという牧場に足を運んで現地を確認した後，法務局に出向いて土地の

登記簿の閲覧をしました。すると広い牧場の真ん中にポッカリと宅地が残っていたのです。名義は，アイヌで父親の名義になっていました。「〇〇さん，土地はちゃんとありましたよ」。そういうと彼は，本当に喜んでくれました。それをきっかけに，彼はホームレス生活に終止符を打ち，町内のアパートで暮らすようになりました。その男性の心残りは，幼い頃から町内の養護施設に預け，現在は札幌で暮らす1人娘の存在でした。その矢先，男性は脳梗塞を発症し，病床に臥す身となりました。私は，生活保護課と連絡を取り，娘さんの所在を探し当て，お父さんの入院と土地の存在を伝えたところ，わざわざ足を運んでくれ，父と娘の再会が実現しました。土地は，牧場が買い取ることになり無事に手続きも終わることができました。

　もう1つ，忘れられないのが，「浦河で一番困っている家族を紹介してください」と保健所の保健師に頼んで紹介されたのが，病院の近くの町営団地で暮らすHさんの家族でした。Hさんは依存症をもつ元漁師（30代）で，先住民であるアイヌの血を引く妻とともに，4人の子どもを育て，一番下の3歳の男の子は，脳性まひを抱えていました。すると，同じ町内で暮らす妻の父親もアルコール依存症を抱え，しかも全盲（メチルアルコールによる視力障害）で，統合失調症を抱える奥さんと暮らしていることがわかりました。そればかりではありません。Hさんの奥さんの2人の妹も日雇い労働者と漁師の配偶者をもち，それぞれ依存症をもち，酒をめぐる諍いの中で子育てをしていました。そして，さらに一番下の弟，Tさんも依存症をもち，仕事もままならずに生活困窮状態になって周囲とトラブルを重ねていることがわかったのです。

　忘れられない出来事があります。ある日，Hさんの奥さんから病院の相談室に緊急電話が入ったのです。なんとお酒で入院中のTさんが，無断外出をしてHさんの家に現れて，騒いでいるというのです。最初は，よく事態が飲み込めなかったのですが，よく聞くと，小学生の次女が，近所の子に「アイヌの乗ったブランコなんか乗りたくない」と言われいじめられたというのです。それを伝え聞いた入院中のTさんが逆上し病院を抜け出して，いじめた子の母親を探し当てHさんの家に呼びつけ，怒鳴りつけているということがわかりました。

　すぐさま病院の近くの町営団地にあるHさんの家に駆けつけると，空いて

いたベランダからTさんの怒号が聞こえてきました。居間には，Tさんの姪を
いじめたとされたお母さんが土下座し，絞り出すように「すみません」と泣い
て謝っていました。Tさんは言いました。「俺は，子どものときに担任の先生
が"石をぶつけられたら，痛い痛いと言って鳴く犬はなんだ"っていうクイズ
を出されて，その答えが"アイヌ"だといって笑われたときから学校に行くの
を止めた男だ。それから，焼酎をかっ食らってシャモ（和人）に仕返ししてや
ろうと今まできた。俺は，アル中だ。何にも恐くない！」

　その時です。Hさんが昼間から酔っぱらって現れたのです。最悪のタイミン
グでした。家のただならぬ雰囲気に当惑しながら「何やってんのよー」とぶつ
ぶつ言いながら，ベランダから家に入ったとたん「父親のお前がこんなザマだ
から子どもがいじめられるんだぞ！　この野郎！」と言ってTさんは，Hさん
の顔面を殴りつけたのです。プロレスに入門したことがあるTさんに殴られ
た酩酊状態のHさんは，ひとたまりもありませんでした。床に倒れこみ，顔
面が血だらけになったHさんに，私は思わず「逃げて！」と叫び，Tさんを
羽交い絞めにして止めに入ったのです。そして，今度は私がHさんから鉄拳
を食らい眼窩が腫れあがりました。その当時のことを，私は次のように綴って
います。

　　「強烈な無力感が私を襲った。頬の痛みを通じて100年以上にわたって
　　繰り広げられてきたアイヌの人達のこの苦しみの現実の一端を知ったとき
　　に，立ちはだかる巨大な壁を前にして，ちっぽけな自分がその中でへたり
　　込んでいるような感じがした。」（『「べてるの家」から吹く風（増補改訂版）』
　　いのちのことば社，2018年）

　これらの出来事を通じて気づかされたのは，自分が専門家としての知識や力
量を増し加え，より専門性を磨くことで目の前の問題が，速やかに解決される
「専門家幻想」に支配されていたことです。そして，目の前のクライエントの
「困りごと」に着目して対応するような相談対応の実践スタイルではなく，「い
つでも，どこでも，いつまでも」という，その人の暮らしの中に身を置きなが
ら寄り添う"公私混同型"の実践スタイルへと変わることができたのです。

2 「問題な人」から「経験専門家」へ

　以上の，私が陥った「専門家幻想」には，いろいろな背景があります。それは，宗教的な魂の救済や篤志家の慈善活動にルーツをもつソーシャルワークが，主観的で，かつ情緒的な世界から脱却し，近代科学の成果を取り入れ，自然科学の業績に基づいた医学や看護などの医学モデルを参考に，それらの職種に肩を並べようとしてきた経緯があります。そこには，個人の熱意や価値という恣意的で，ときには一貫性がなく，説明にしにくい支援プロセスに根拠を与えて福祉の専門性を確立し，成果を上げることでクライエントの生活の向上に寄与し，併せてソーシャルワーカーの社会的地位を高めようとした先人の努力があります。

　そして，何よりも，私自身がそうでした。東京都の 1.8 倍の面積の日高管内最初のソーシャルワーカーとして，しかも，417 床の病院の新米ワーカーとして多勢に無勢な医師や看護師の中で，生き延びるために私がすがったのが「専門性」という砦であり，たくさんの専門知識を蓄え，理論武装をすることだったのです。しかし，そこには自ずと病院で働くことの制約があります。それは「医学モデル」という制約です。これは，当然のことですが，病院は常に最新の治療やケアを取り入れ，病気の原因を特定し，悪いところを探してそれを取り除き，病状を改善するという基本的な期待と使命から成り立っています。これは，精神科も同様でした。そして，私自身もそこからのスタートを余儀なくされました。

　しかし，まもなく私は，「精神医療」というシステムと，それを支える“常識”に，違和感を覚えるようになります。それは，私が浦河に就職が決まったときに，餞別代わりに大学の恩師から手渡され読み込んでいた『ひき裂かれた自己』（R・D・レイン，みすず書房，阪本健二ほか訳，1971 年）の影響だったのかもしれません。それには，こう書かれていました。「それは精神病を，社会的もしくは生物学的な適応の失敗とか，とりわけて根幹的な種類の不適応とか，現実との接触の喪失とか，病織の欠如とかいう，ファン・デン・ベルクがいったように（1955 年）こうした専門語はまさに〈侮蔑の語彙〉である」。

レインだけではなく，学生時代に出会った難病患者や自立生活運動を進める脳性まひの人たちから多くを学び，精神医療とはまったく違う世界を歩んできた私にとって，精神医療の世界は，まさしく「青天の霹靂（へきれき）」でした。そのような中で，私は穴倉のように暗く鉄格子で囲まれた精神科病棟の一室で仕事を始め，人が心を病むということへの関心と，「7病棟の人」とか「7病棟あがり」といわれ，地域から蔑まれていた患者さん1人ひとりから伝わる不思議な懐かしさを帯びた安堵感の意味を考えていました。そして，思ったことは，「もし，自分がこの病棟の入院患者だったら，ここで回復する自信はない」ということと，精神医療が「精神医学＝精神『囲』学」―囲い込んで，「看護＝『管』護」―管理して，「福祉＝『服』祉」―服従する，という構造に陥るメカニズムに関心をもったのです。

　それは，人権や生命や暮らしに関する専門教育を受けたスタッフが，なぜ，このような現状に陥るのかというテーマを与えられたことを意味します。大切なのは，そのテーマは，決して他職種や他者への批判ではなく，おそらく私自身もそうなるであろうという予測的な課題として，私は，この問題の「当事者」になることを選んだのです。

　そして，それを検証することを意図して，浦河にある教会の古い会堂に住み込み，回復者クラブのメンバー有志と同じ屋根の下で暮らすという「社会実験」を始めました。それは，1800年代の半ばにイギリスの産業革命における貧富の格差や，貧困にまつわる地域の疲弊に対して，若者たちがスラムに移住（セツル）して，ともに暮らすことから社会改革に取り組んだセツルメント運動を意識していました。

　ここで注目すべきことは，イギリスの産業革命当時の市民の多くは，貧困を「怠情」や「魂の堕落」と捉えていたことです。そして，セツルメントの活動をはじめとする社会改良運動は，貧困を生み出す社会の構造的側面を明らかにしていき，それが社会保障をはじめとする諸々の改革へとつながっていきました。

　これは，統合失調症においても同様で，常に社会環境や文化との関連から考察する試みは，多方面から続いていて，最近でもスタンフォード大学の人類学者ターニャ・ラーマンが，アメリカ・インド・アフリカ人の統合失調症者それ

ぞれ20名を対象に，経験する「幻聴」に関するインタビューを行い，「アフリカ人・インド人の幻聴は主に肯定的な体験であり，アメリカ人（否定的な内容）には見られない特徴を持っている」ことを明らかにしています。その結果から，幻聴を経験した人たちが聴く音声は，「個人の社会的・文化的環境に影響を受けて形成されている」（「The British Journal of Psychiatry」2014/9）と述べています。

　この研究は，私の現場経験とも一致し，とくに統合失調症をもつ人の幻覚や妄想は，社会やその人の生きる場を映しだす鏡であり，生きる苦労の縮図ともいえる現象だという実感をもっています。今にして思うと，人が生きる苦労の最前線に身を置きながらそのことを考えてみたいと思い，同じ屋根の下に暮らす実験を試みたのです。しかし，そのようにして始まったメンバーとの暮らしは，想像以上にトラブル続きでした。幻覚，妄想に加えて，アルコールがからみ地域とトラブルを頻発させるメンバーに入院の説得をしてもらちが明かず，最終的には警察の力を借りて，引きずるように病院へ連れていくときの敗北感を今も忘れることができません。その意味でも，まさしく私は「当事者」になったのです。そして，それらを通じて，私が見出したのは「同じ人間だ」という素朴な実感でした。

　これらの経験が，私の「専門性」という鎧を取り去り，人々の日常の中に「当事者」としてともにあるという私なりのスタイルを見出す大切な契機となりました。つまり，医学のように特殊で，簡単には習得できない特別な知識や技術の領域に肩を並べようとするのではなく，人が生きる，暮らすという「日常」の中に身を置き，その「当たり前さ」が侵害されたり，喪失されるという状況の中で，それを回復し，取り戻す営みに，どんなときでも向き合い，伴走（協同）する「一貫性」と「継続性」に，「開かれた専門性」の基盤を見出すようになったのです。しかも，その専門性とは，誰かが独占したり，占有するべきものではありません。誰しもが，その人固有の人生の「経験専門家」なのだということに気づかされたのです。

3 当事者研究の誕生

　べてるの歩みを紹介するときに，いつも用いるのが「今日も，明日も，明後日も問題だらけ，それで順調」という言葉です。そのようにべてるは，いつも地域の中で，「問題だらけ」といわれてきた人たちの歩みでした。お酒が止まらなかったり，感情のコントロールが効かなかったり，とくに統合失調症は「五感が幻になる」状態に陥るので，やること，なすことがちぐはぐになり，周囲から孤立し，トラブルに発展します。もちろん，一番大変なのがそのような状況に置かれた当事者です。依存症は，社会死，家族死，肉体死に向かう"慢性的な自殺"といわれていますが，それらは精神障害に共通の生きにくさであり，中世の魔女狩りや，ナチス・ドイツの安楽死と強制収容所に象徴されるように，差別や社会的排除の対象となってきました。現代において，それは鉄格子に象徴されるような精神科病棟であり，その束縛からの脱出が路上生活者の現実のように思います。

　そのような人たちが，一緒に働くと何が起きるかというと，その中でも「トラブル」の歯車が回りだします。べてるの経験でも，仕事を始めたと思ったら，突然，帰ってしまう人がいます。後で聞くと，作業前に呼びかけた「手を洗ってくださいね」という仲間の言葉が「いじめられている？」に置き換わっていたことがわかりました。しかし，残された人の中に「私のせい？」という不安が生じます。そう考えると，イライラが始まり，すると，突然，"囁き"が耳に入ります。「ここは，あなたが来る場所ではない」と。そこで，仕事の手が止まってしまいます。それを見かねた仲間から「大丈夫？」と声をかけられたことをきっかけに「やっぱり，自分の存在が，みんなの足を引っ張っている」という確信に変わり，翌日，仕事を休んだりします。

　このように，その人の行動に影響を与える「考え方」や物事の「受け止め方」を，べてるでは「お客さん」といっています。一緒に仕事を始めると，当事者間のコミュニケーションは，いつのまにかマイナスの連想ゲームのような悪循環を辿ることがあります。そのような悪循環を，好循環にするきっかけになったのが「弱さの情報公開」です。それぞれが，自分に起きていることを正

図 8-2　伝統的な治療・相談援助と当事者研究のイメージ

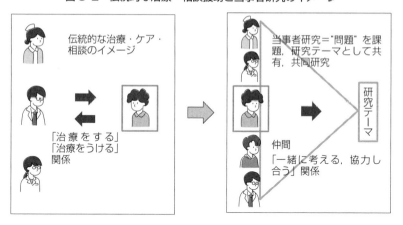

直に語るようになると，その場の中に，お互いへの共感や関心が生まれ，助け合いが始まることを発見したのです。

　もう 1 つ，当事者研究に連なる重要な出会いの 1 つに，1982 年頃だったと思いますが，浦河で始まった依存症の人たちの「AA（匿名断酒会）」があります。そこから学んだのが，仲間の力と，語ることによる回復です。そればかりではありません。1990 年頃のことです。日高昆布の産直をめざし，経営を学ぶために，地域の商店街の人たちが行っていた異業種間交流会に参加し，知ったのが「1 人 1 研究」という取組みでした。それは，社員 1 人ひとりが自由な研究テーマをもち，1 年に一度，発表し合うという活動でした。ちょうど，同じ頃，出会ったのが「SST（社会生活技能トレーニング）」という認知行動療法をベースに生まれたプログラムです。それは，昆布の産直に挑戦し，昆布の仕入れ，接客，相談などさまざまな場面に直面し，苦労を重ねていた私たちにとって，願ってもないツールと発想を手に入れた観がありました。私が着目したのが次の 4 点でした。

　① 当事者主体：当事者自身が，自らの苦労（たとえば，お金の貸し借り）を仲間に打ち明けて，一緒に練習方法を考える。

　② 試行錯誤を重視：練習したことを生活の中で，試し，その効果，結果をもとに次の手立てを考える。

　③ 仲間の経験と力を活用：SST という場で，仲間と一緒に練習のプランを

立てて，共有し，相談しながら進める。

④ 失敗重視：生活の場で，自らコツコツと練習を重ねる"失敗体験"が，
経験の場を広げ，出会いを生む。

以上は専門家が独占していたケアを，当事者自身が「自分の苦労の主人公」
になり，自助を行う根拠となりました。

そして，これらが「当事者研究」として結実するきっかけになったのが，
2000年だったと思いますが，1人の爆発が止まらない統合失調症を抱える青年
との出会いでした。相次ぐ，家族や病棟でのトラブルに行き詰まっていた私が，
面談室で首をうなだれる本人を前にして呟いた，「自分もどうしたらいいかわ
からないから一緒に研究しよう」という一言に，彼は顔を上げて「一緒に研究
したいです」といってくれたのです。そうなのです。当事者研究という対話の
営みには，「互いに，自分のもっている常識や経験を脇に置き，前向きに無力
になる」という協同の姿勢が必要なのです。ここが，エビデンス重視の専門家
の立ち位置と異なる点だと思います。この「弱さ」の姿勢が，どんなときでも
「一緒に研究する」という協同（「ともに悩み，行きづまり，思考錯誤を重ねる」）を
生み出す触媒の役割を果たし「当事者研究」として結実したのです。

4　当事者研究の理念と展開

当事者研究とは

当事者研究は，統合失調症や依存症などの精神障害をもつ人たちの生きづら
さや体験（いわゆる"問題"や苦労，成功体験）を素材に研究テーマを取り上げ，
その背景にある事がらや経験，意味などを見極め，自分らしいユニークな発想
で，仲間や関係者と一緒になってその人に合った"自分の助け方"や理解を見
出していこうとする研究活動（べてるしあわせ研究所「レッツ当事者研究3」地域精
神保健福祉機構，2018年）として始まりました。

ここで留意しなければならないのは，「研究する」という発想は，私たちの
アイデアではなく，人間も含めた生物が種の存続のために「試行錯誤」を繰り
返しながら生きている生命論的な特徴を活かしているにすぎないことです。原

生生物である「粘菌」が「迷路を最短ルートで解く能力があることを世界で初めて発見」（2000 年 9 月 28 日，独立行政法人理化学研究所北海道大学）というニュースが流れたことがあります。清水博は，生物のもつこのような能力から生み出される「リアルタイムの創出知」に注目しています。リアルタイムの創出知とは「創造の知」であり，「一個の生物や生物システムが，その場その場で即決的に適切な情報を創出すること」をさし，これは「高度な生き物（多細胞生物）がもっている基本的な性質」（清水博『生命知としての場の論理』中公新書，1996 年）なのです。私は，その性質を人類は「対話」という営みの中に受け継いでいると考えています。だからこそ「対話」は，私たちにとっては必要不可欠な「母乳であり，空気のようなもの」（ヤーコ・セイックラ）だといえるのです。

　その対話について哲学者の鷲田清一は，「人と人のあいだには，性と性のあいだには，人と人以外の生きもののあいだには，どれほど声を，身ぶりを尽くしても，伝わらないことがある。思いとは違うことが伝わってしまうこともある」中で，「共通の足場を持たない者のあいだで，たがいに分かりあおうとして試みられる」ものであること，反面，「他人と同じ考え，同じ気持ちになるために試みられるのではない」こと，「語りあえば語りあうほど他人と自分との違いがより繊細に分かるようになること，それが対話だ」（鷲田清一「対話の可能性」せんだいメディアテークパンフレット）と述べています。

　反面，私たちは「対話」のもつ曖昧性，不確実性に見切りをつけるように，わかりやすく，説明可能な「科学的根拠」に基づいた療法やアプローチなどの介入の方法を模索し，それを専門家が独占してきた歴史がありますが，それ自体が今，行き詰まりを見せています。そこに，「対話」が再評価され，研究的な対話を志向する当事者研究が関心をもたれている背景があると考えています。

当事者研究と 3 つの壁

　しかし，この取組みには，乗り越えなければいけない壁がありました。

　1 つ目の壁は「距離をとる」という壁です。これは，この領域に足を踏み込んだ私が，最初に直面した壁でした。1 年目の私は，メンタルヘルスの領域で働く専門家の中に根差した「患者さんと接するときには，距離をとらなければいけない」という周囲からの説明に，この領域の抱えるもっとも根源的な課題

を見出したのです。これは，フロイトの力動精神医学の影響が大きいように思います。つまり，公私の壁をつくりあげ，支援者と当事者間の線引きを明確にすることで，より治療効果が上がるという発想が，さまざまなレベルで用いられ，浸透していたのです。私は「住んでいる場所や，電話番号も知られないように」という先輩の貴重なアドバイスを無視するかのように，自分の名刺に，家の住所と電話番号を書き入れ，「いつでも，電話ください」と配って歩くという"掟やぶり"をしました。それは，学生時代，ハンセン氏病，障害運動，難病患者運動などさまざまな領域で，活動した経験から，そこで語られることがなかった「距離をとる必要がある人たち」という発想こそ，最大の壁と感じられたからです。

　2つ目の壁は，「幻覚妄想には，否定も肯定もしない」という発想の壁です。これは，精神科治療の臨床経験から，幻覚妄想に触れると，症状が強化されるという現場経験から生まれたものと思われます。それに，この精神科領域や教育場面はもとより，さまざまな領域で用いられることの多いカウンセリング技法の基礎を築いたカール・ロジャーズ（C. R. Rogers, 1902-1987）らが取り組んだ統合失調症患者の大規模な心理臨床研究（Wisconsin Project）から，カウンセリングだけでは統合失調症患者に十分な治療効果をもたらすことができないという結果と，ロジャーズ自身が，統合失調症をもつ女性とのカウンセリングに失敗して争いになり，逃亡したというエピソードも（佐治守夫・飯長喜一郎編『ロジャーズ クライエント中心療法』有斐閣新書，2011年），幻覚や妄想体験は「否定も，肯定もしない」という治療文化を生み出す遠因になっているような気がします。

　フロイトとロジャーズに共通しているのは，相手を理解し，治療や相談をするための枠組みを専門家自身がもっていて，それを前提に介入をしていることです。これは今でも医療や福祉領域における共通のスタンスとなっています。それに対して，私が影響を受けたアメリカのソーシャルワークの研究者であるH・ゴールドシュタインは，統合ソーシャルワークの立場から「クライエントの場からの出発」という立ち位置を重視し，1970年代以降に進展した認知科学の知見を取り入れ「認知・ヒューマニスティックアプローチ」を提唱したことでも知られています。この原則は，今でも私自身のソーシャルワーク実践の大切な手掛かりとなっています。

表8-2　認知・ヒューマニスティックアプローチの原則

第1の原則
・クライエントが自分なりに理解している主観的世界を汲み取る。 ・この理解を達成するために，一時，われわれ自身の理論的仮定や社会的文化的な固定概念をわきに置く。

第2の原則
・クライエントに診断名を当てはめて分類し，対象化し，烙印を押すことになりがちな傾向を阻止し，クライエントを範疇化された対象としてではなく，われわれと同じ人間として見ていく。

第3の原則
・援助者がクライエントの主観性の意味を理解できるのに応じて，クライエントの行動や対応の仕方についての相互理解が深まっていく。

第4の原則
・クライエントの主観的な世界や現実的な世界の意味を理解するためには，対話と反省をとおして意識が高められ，問題が見直され前進していく過程が不可欠となる。

第5の原則
・援助経験の成果は援助者によってもたらされるものではない。クライエントのみがニーズと目標を定め，かつそれらが達成できる可能性をもつ文化的・道徳的・社会的背景を配慮していくことができる。

（出所）　H・ゴールドシュタイン，2002,『ソーシャルワーク──実践理論の基礎的研究』小松源助訳，川島書店。

　この原則が大切にしていることは，従来の精神医療が，当事者自身のわかりにくい世界を，「病理」とみなしているのに対して，「大切な経験」という前提に立っていることです。この原則に示された「主観的な世界をくみ取る」「理論仮説や固定概念を脇に置く」「同じ人間として観ていく」「対話と反省のプロセスを重視」「発見の主役は当事者自身であり，そのための環境を整える」は，そのまま当事者研究の活動に重なります。そこで大切にされてきたのは，その人の生きる現実を「問題」や「病理」という発想から切り取るのではなく，どのような状況であっても，それを生き抜いてきた人への敬意と「自分の助け方」としての側面から協同することによって，その人自身や場の中に生きようとする力が蘇り，予測もしなかった創造的な展開が生まれるということです。

　ここで参考になるのが，哲学者の中村雄二郎の言葉です。『臨床の知とは何か』（岩波新書，1992年）の中で，「科学の知は，抽象的な普遍性によって，分析的に因果律に従う現実にかかわり，それを操作的に対象化する」のに対して，「個々の場合や場所を重視して深層の現実にかかわり，世界や他者がわれわれに示す隠された意味を相互行為のうちに読み取り，捉える働きをする」一連の

プロセス，つまり「人間どうしが，相互作用のうちに読みとる，諸感覚（＝五感）を協働させる共通感覚と実践感覚が，不可分になった状態」が，私たちに新たな「知」をもたらすという言葉には，励まされた思いになります。これは，専門性に裏づけられたプランによって，計画どおりに導かれる解決ではなく，即興的な場から生まれる「演劇的な知」の可能性を重視し，「近代の学問や科学があまりに〈機械論〉モデルに囚われている」現状から｜近代の学問や科学そのものが脱皮しようとして，在来捨象されてきた場や相互作用などを取り込もうとする動き」の1つとして当事者研究を理解することにもつながるものです。

　3つ目の壁は，「一般化」という壁です。科学は，多数派の人たちが見える世界を「客観的」と称し，さらには，誰にも適用可能で，一定の持続的な効果を重視し，それに反するものを，「主観的」として排除してきた歴史があります。そのように近代化は，数字に置き換えられるものを重視し，それを信頼するという思考を私たちにもたらしましたが，実は人類が掌握している現象も，数字に置き換えられる可能性のある事象のごく一部しか捉えられていない可能性があります。ましてや，星の数は，地球の砂の数よりも多いといわれているように，人類は，その砂の一粒の世界から今を見ているにすぎないのです。この現実の前に，私たちは謙虚にならなければいけません。それが「常識を脇に置く」という態度につながります。

　それに対して当事者研究は，「一般化」に対して「今，ここで」を重視します。日常とは，「今，ここで」が，時間的に連続した状態とみなすのです。たとえば「幻聴さん」に，悪口を言われて苦しんでいた統合失調症をもつ女性が，「戦うんじゃなくて，"おもてなし"が大事」というアドバイスを仲間からもらい，「お茶でもてなす」という試みをしたことがあります。結果はうまくいきませんでした。そこで，自分が好きな紅茶で試したところ，大成功だったという話を聞いたことがあります。しかし，それは，誰にでも，いつでも効果があるわけではありません。赤ちゃんを抱っこしたときに，幻聴さんがおとなしくなることを発見した人もいます。そのように，当事者研究は「今，ここで」を大切にする研究活動であり，一過性ではなく，研究をし続けるプロセスが大切になっていきます。

図8-3　当事者研究におりる苦労のピラミッド

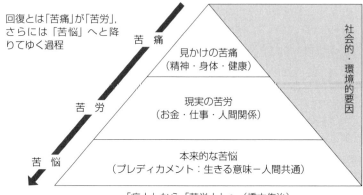

回復とは「苦痛」が「苦労」，さらには「苦悩」へと降りてゆく過程

苦痛

苦労

苦悩

見かけの苦痛
（精神・身体・健康）

現実の苦労
（お金・仕事・人間関係）

本来的な苦悩
（プレディカメント：生きる意味－人間共通）

社会的・環境的要因

「病人」から「苦労人」へ（橋本侑治）

当事者研究とユーモア

　べてるで行われる当事者研究の場には，独特の懐かしい“可笑しみ”の世界があります。1人のメンバーが，「研究したい」と手を上げました。研究テーマは彼の困りごとでした。その内容は「銀行に預けている900億円の下ろし方」について考えてほしいというのです。お金の出所を聴くと「安倍晋三首相から入金された」というのです。それを聴いて参加者は，「すごい！」「貸して！」という声が飛び交いました。どうやってわかったかというと，安倍総理から発信された入金情報を“おでこ”にある受信機でキャッチしたので，銀行の窓口に行って確かめたのですが，らちが明かずに戻ってきたというのです。わかりにくい話を丹念に辿る中で，笑いが生まれ，本人が，そのお金の使い道として，共同住居の建て替えに使ってほしいといったときには，参加者みんなが拍手をしました。

　このユーモア精神のベースにあるのが，独特の「苦労志向」で，図8-3の「苦労のピラミッド」にあるように，「回復（リカバリー）とは『苦痛』が『苦労』へ，さらには『苦悩』へと降りてゆく過程」として捉えるところに特徴があります。このような独特の「苦労の哲学」から生まれたユーモア精神や「“非”援助の思想」（主観・反転・非常識）は，そもそも「人間と苦悩」は切り離すことができないものであり，人間は，誰でもプレディカメント（人間が本

来担っている苦しみ）と「生きる苦悩」（P・ディリッヒ）を与えられている「ホモパティエンス（苦悩する人間〔V・フランクル〕）」であり，人間は，その苦悩によって成長できる，という考え方に裏づけられています。これを当事者研究の理念に当てはめると「自分の苦労を取り戻す」につながります。そしてそれが，「いい苦労をしてるね」「もう少し，苦労を増やした方がいい」「行き詰まり方が上手」などと，つらい苦労でも，べてる流の「苦労の文化」にふれることで，独特のユーモアとセンスに富んだフレーズを生み出す豊かな精神文化につながります。

当事者研究における「生きづらさ」の理解

　当事者研究を始めるにあたって大切になってくるのが，その人のもつ“生きづらさ”の理解です。私たちは研究活動を重ねることで，次のようなことを学んできました。

① パターン化され，繰り返し起きる苦労には，一貫した「大切な意味」がある。

② 問題とは，常に「何かを解消するために起きている」可能性があることに着目する。

③ 問題や生きる苦労の背後にはつらい状況から抜け出そうとする本人なりの「自分の助け方」と生き延びるための「もがき」があることを理解する。

④ その「もがき」の底流には，自己表現と“つながり”への渇望がある。

⑤ 表向きのニーズと本当のニーズの間には往々にして乖離があり，本人もそれに気づいていない場合が多いこと。例として「死にたい」という気持ちが，実は空腹感から起きていることもある。

⑥ 当事者，とくに統合失調症などをもつ人は，五感で感じる現実と，周囲の人が共有している現実との間にギャップ（誤作動）が生じ，苦労をしている。

⑦ 当事者の多くは，将来に対する希望と生きがいを見失い，かつそれを探し求めていること。

⑧当事者の抱える生きづらさには，社会・環境的な要因が大きく関わっていること。

以上の理解を大切にしながら当事者研究の研究活動は進められてきました。

当事者研究の理念

当事者研究には，この活動を続ける中で培ってきた大切な理念があるので以下に紹介します。

①「弱さの情報公開」：人のもつ「弱さ」は，人と人とを結びつけ，助け合いを生み，研究力の源になる。

②「自分自身でともに」：自ら研究し，仲間とともに考えることで，豊かな発想が生まれる。

③「経験は宝」：失敗や行き詰まりの経験は，大切な資源（宝）であり，生きるための素材となる。

④「"治す"よりも"活かす"」：「治す」（直す）よりも，経験を活かし，役立てることを重視する。

⑤「"笑い"の力（ユーモアの大切さ）」：ユーモアは，究極の"生きる勇気"（にもかかわらず生きること）である。

⑥「いつでも，どこでも，いつまでも」：研究は，時間や場所を選ばずに自分のペースでできる。

⑦「自分の苦労をみんなの苦労に」：生きる苦労は，分かち合うことによって，新しい可能性を生み出す。

⑧「前向きな無力さ」：常識や前提を脇に置き，お互いに「無力」の立場から研究に取り組むことで創造力が培われる。

⑨「"見つめる"から"眺める"へ」：出来事や体験を，眺めてみることで，違った発見が生まれる。

⑩「言葉を変える振る舞いを変える」：言葉や振る舞いが変わることで，物事の見え方，感じ方が変わる。

⑪「研究は頭でしない，身体でする」：研究は，「頭」以上に，「身体」を使うことで促進される。

⑫「自分を助ける，仲間を助ける」：「自分を助ける」「仲間を助ける」という「自助の循環」が，研究力を増す。

⑬「初心対等」：研究活動は，常に初心に立ち返り，仲間の大切な経験や発

図 8-4 研究のテーマ分類 (2005〜2013 年)

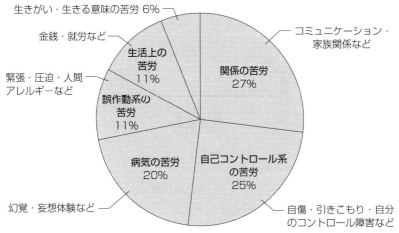

生きがい・生きる意味の苦労 6%

金銭・就労など

緊張・圧迫・人間
アレルギーなど

生活上の
苦労
11%

誤作動系の
苦労
11%

病気の苦労
20%

幻覚・妄想体験など

コミュニケーション・
家族関係など

関係の苦労
27%

自己コントロール系
の苦労
25%

自傷・引きこもり・自分
のコントロール障害など

（出所）山根耕平ほか。

想に学びながら進む。

⑭「主観・反転・"非"常識」：当事者研究は，常識にとらわれずに，その人
自身が見て，聴いて，感じている世界を尊重する。

⑮「"人"と"こと（問題）"を分ける」：「人」と「こと（問題）」を分けて考
えることで，見方が変わり，苦労がもちやすくなる。

以上が，当事者研究の理念と簡単な解説です。これは，研究活動を続けてき
た私たちの現在の到達点であり伝統です。これは，今後の実践の積み重ねの中
で，更新されていくものです。

当事者研究の研究テーマ

当事者研究の研究領域は，恋愛，働くこと，家族関係，子育て，健康，経営，
教育など多岐にわたっていて，その研究から，暮らしやすさや問題解決（解消）
に向けたユニークな工夫や具体的な手立てや発想が生まれています。

とくに，メンタルヘルスの領域では，従来，専門家に依存するしかなかった
気分や体調，健康に関わる症状自己管理，服薬管理でも，仲間や関係者の力を
活用しながら，研究を通じて自分なりのやり方で，自分を助けることが可能に
なってきました。

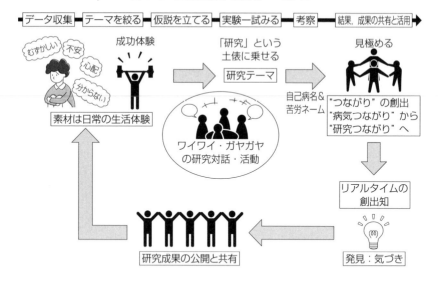

図8-5　生活体験を「研究テーマ」に

「自分の研究者」「自分の専門家」になる──研究の進め方

　当事者研究の持ち味は、先にも触れたように、当事者自身が仲間や関係者、家族と連携しながら、常識にとらわれずに「研究する」という視点に立ってワイワイ・ガヤガヤと"自分の助け方"をめぐって対話を重ね、ときには、図（絵）や、アクションを用いて起きている出来事の理解や対処の仕方、苦労が起きるパターンや仕組み、その背景にある意味や可能性を見出す過程を楽しみながら展開するところにあります。

　そのような研究の醍醐味は、コツコツと「試行錯誤」を重ねるプロセスにあり、今までの"自分の助け方"を振り返りながら、必要によってそれに代わる新しいユニークな"自分の助け方"を仲間と一緒に自由に考察し実践するポピュラーな研究スタイルが「べてる式」と呼ばれるものです（図8-5参照）。

　図8-6は、統合失調症をもちながらべてるでソーシャルワーカー（サービス管理責任者）として働く伊藤知之さん（自己病名：全力疾走あわてるタイプ）の研究風景を紹介したイラストです。伊藤さんは、仕事などの生活場面で情報量が多く"処理能力"を越えると「あわてる現象」がおきます。この「あわてる現象」は、本人にとっては「世界中から非難されている感覚」ですから、たいへ

図 8-6　研究の事例

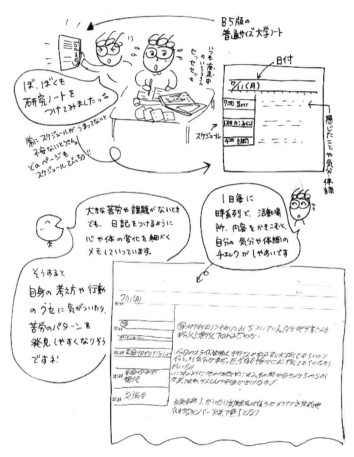

（出所）「ようこそべてるへ」べてるオリエンテーション資料，2021 年より。

んつらく，このことから離職を余儀なくされた経験をもっています。

　この経験から，伊藤さんは図 8-6 にあるように，①研究ノートを持ち歩いて，起きた出来事のデータを録る。②データには，「出来事」「気分」「体調」「日時」「思考」「対応」などの情報を書き込む。③データをもとに，仲間と一緒に

「何が起きたのか」「対応の評価」の振り返りをする。

　この取組みを活かすために，伊藤さんは普段から「密な相談」「密な確認」「密なつながり」（べてるの3密）を心掛けています。

　もう1つ，このような暮らし方，働き方を実現するための工夫として，職場などの組織文化の改善が重要になってきます。その1つとして，べてるでは会議，打ち合わせの場面で，「問題を提起して解決方法を話し合う」方式をやめました。それに代わって始めたのが「良かった点，苦労している点，さらに良くする点」の「3点方式」です。このことによって，伊藤さんのように極端なまでに否定的，悲観的な思考回路に陥りがちな人たちが，安心して働けて，苦労があっても互いに助け合い，研究的な思考に基づいた行動がとれるようになってきました。

5　「伴走型支援」と当事者研究

　都内で転々とホームレス生活を続けてきた高齢の女性と話す機会がありました。「誰も信じてくれない」という女性が訴えるには，若い頃から「悪さを企んでいる秘密の組織が放つ“トンコロガス”（豚を一瞬のうちに死なせる強力な毒ガス）からずっと逃げ回ってきたというのです。「組織を何とかしてほしい」という真剣なまなざしに，私は「一緒に組織を解明して，生きやすい社会をつくりましょう」と言いました。私は，表現こそ異なっていますが「社会を覆う毒ガスのようなもの」は，本当にあるような気がしたからです。

　べてるのメンバーの多くは，精神科病院での医学的な管理を中心とした入院生活を経て，地域で暮らすようになった経験をもっています。自分でも想定しなかった生きづらさとの出会い，いわゆる「当たり前の苦労」に直面をしたとき，私たちは「それで順調」と考え，どう生きるかを一緒に話し合うことを重ねながら暮らしてきました。合言葉は「自分の中に，仲間の経験の中に知恵がある，アイデアが眠っている。さあ，今日から“自分自身で，ともに”研究しよう！」です。

　私は伴走型支援とは，人と人とが対話を重ねながら生き方，暮らし方をとも

に模索するプロセスであり，具体的な生活実践だと理解しています。そのような伴走型支援のプロセスには，すでに当事者研究で大切にしてきた理念や発想が，至る所にちりばめられています。そこで改めて留意したいのは当事者研究の活動は，組織や人を支える「人を大切にする文化」と，それを実現するための「方法的態度」（思考のスタイル，研究対象に立ち向かう態度〔木田元『現象学』岩波新書，1970年〕）を重視するところに特徴があり，人を変えるための期待を目的としたプログラムやツールではないということです。

　一方，当事者研究は，フランクルが述べているように，その人が置かれた環境が，どんな困難なものであっても「生命の最後の一分まで，生命を有意義に形作る豊かな可能性が開かれている」（『夜と霧』みすず書房，霜山徳爾訳，1985年）という立場に立って「にもかかわらず研究する」姿勢を重んじてきました。その意味でも，当事者研究という営みが，「伴走型支援」の現場で，練られ，鍛えられる中で，私たちもまだ見ていない特徴を顕在化させ，育てられていくことを期待したいと思います。

第9章

伴走型支援は本当に有効か

野澤 和弘

Profile ────────────

　毎日新聞記者・論説委員として，いじめ，虐待，ひきこもり，薬害，社会保障制度などの報道に36年間携わる。現在は一般社団法人「スローコミュニケーション」代表として「わかりやすい文章　わかちあう文化」をめざして障害者などへの情報保障に取り組む。毎日新聞客員編集委員として「令和の幸福論」（WEB医療プレミア）を連載中。東京大学や上智大学で行っている「障害者のリアルに迫るゼミ」の主任講師，NPO法人「千楽」副理事長，社会保障審議会障害者部会委員，障害者政策委員会委員なども務める。2006年に千葉県が全国に先駆けて制定した障害者の差別をなくす条例の研究会座長を務めた。

　著書（単著）に『あの夜，君が泣いたわけ──自閉症の子とともに生きて』中央法規出版，2010年，『スローコミュニケーション──わかりやすい文章　わかちあう文化』スローコミュニケーション出版，2020年など。

1 「自立」の意味を問い直す

ALS 嘱託殺人の衝撃

小説かテレビドラマを見ているような気がしました。ネットで知り合った医者が見ず知らずの難病患者の自宅を訪れ，薬物を投与して死に至らしめたというのです。

新型コロナウイルスが世界中に蔓延し，人々がストレスを感じながら自粛生活を強いられていた年，ALS（筋萎縮性側索硬化症）の女性に対する嘱託殺人の疑いで2人の医師が逮捕されました。さまざまな意味で，この事件は日本の社会保障制度の到達点と空洞を露呈したような気がしてなりません。

医療技術の進歩と医療・介護サービスの拡充は，家族のいない寝たきりの難病の患者も生き続けることができる世の中にしました。社会保障の多くは厚生労働省が考えて制度化してきたものですが，その成立過程には患者や障害者ら当事者らも含めてさまざま利害関係者が議論に関わっています。最終的には国民が選んだ政治家や多数を占めた党派のリーダーが総理大臣として組閣した「政府」が決めているわけで，私たち国民の総意によってつくられたといえるでしょう。

全身が動かない状態のALSの患者がこれだけ生きられるようになったのも，33万人を超える人工透析の患者が総額で年間3兆円を超える医療費を使って生きているのも，医療的ケアの必要な子どもがたくさん地域で暮らしているのも，世界を見渡しても日本しかありません。それらのすべてが私たち国民の意思によってもたらされたものなのです。

意外に思われるかもしれませんが，ここだけみれば私たち日本人は「弱者」にやさしい社会保障を築いてきたといえるのではないでしょうか。日本の消費税は10％で，先進諸国の中では著しく低い水準にあります。国民負担がこれだけ少ないのにどうして巨額の医療費や介護費用を投じて難病患者や重い障害児を救っているのかといえば，借金をしてしのいでいるからにほかなりません。

そうした文脈からすれば「無自覚の無責任によって成り立っているやさしさ」のようにも思えますが，それでも私たち国民が「弱者」に寛容な社会保障

制度を容認してきたのだと私は思います。

　国際的な医学会や科学誌の論文に日常的に触れているであろう医師の中には，このような日本の医療の現状にある種の「偽善」を感じる人がいることは想像に難くありません。あくまで一部の例外なのでしょうが，学歴社会を勝ち抜き，難関の医学部を出て国家試験に合格するために費やした時間と頭脳と労力が，人間らしい情感や弱者への共感に向かうエネルギーを奪い，ドライな合理性で難病患者の命を無価値なものに思わせているのかもしれません。

　そんな風にでも思わなければ，エリート医師が社会的な地位や信用など多くのものを失ってまで，見ず知らずの難病患者を殺しに行くことの説明がつかないのです。

　もう1つ考えられることは，難病患者の悲痛な声が医師の歪んだ正義感や同情心を刺激したのかもしれないということです。

　被害者である女性は9年前にALSを発症し，事件当時は寝たきりに近い状態でした。女性がツイッターを始めたのは2018年4月からで，すでに24時間体制の介護を受けるようになっていました。

　「体は目だけしか動かず，話すこともできず呼吸苦と戦い，寝たきりで窒息する日を待つだけの病人にとって安楽死は心の安堵と今日を生きる希望を与えてくれます」。ツイッターにはそのような女性の書き込みがありました。

　ALSは原因不明，治療法もない神経難病で，発症すると2〜5年で全身の随意筋が麻痺して死に至る深刻な病です。知覚神経や自立神経には異常がないので，五感や記憶，知性をつかさどる神経には障害が起きません。呼吸は自律神経と随意筋である呼吸筋の両方が関与するので，病状の進行とともに自力呼吸が困難になります。

　生き続けるためには人工呼吸器と胃瘻を装着して，呼吸と栄養の吸収を人工的に確保する必要があります。全身が動かなくなっても，目や口の動きをヘルパーが読み取って文字にすることでコミュニケーションを図ったり，文字盤や目の動きでパソコンを操作する視線入力装置によってインターネットを介して自らの活動や思いを情報発信したりする患者がいます。

　女性のツイッターには，海外で合法化されている安楽死を計画したものの，付添人が自殺ほう助罪に問われる恐れがあることを知って断念したことや，

ALS治療薬のニュースについて触れて安楽死への思いを留保したとの記述もありました。

　生と死との間で揺れていた感情がしだいに安楽死へ傾いていくのは，事件の1年ほど前からです。

　「こんな身体で生きる意味はないと思っています。日々の精神・身体的苦痛を考えると窒息死を待つだけなんてナンセンスです。これ以上の苦痛を待つ前に早く終わらせてしまいたい」

　「私みたく寝たきりで自筆できない人間はどうやって簡単に遺言書をつくったらいいのか？」

　栄養を減らして身体を弱らせようと主治医に相談したが断られたという書き込みもあります。嘱託殺人で逮捕された医師らは終末期の患者に対する緩和ケアにも携わっていました。こうした女性の言葉を見て，専門的な医学知識をもつ医師が歪んだ使命感を抱いてしまったという気がしてきます。

多額の費用がかかる現実

　国民皆保険を日本が整備したのは高度成長まっただ中の1961（昭和36）年です。この公的保険制度のおかげで私たちは病気になってもケガをしても，あまりお金のことを気にせず医療機関で治療を受けられるのです。

　ALSは国指定の難病の1つで，受給者証があれば制度を利用することができ，医療保険での支払額は症状や所得に応じて上限が設けられています。病院での受診や往診，訪問看護，薬代など公的保険が適用されているものについては，すべて自己負担に上限が設けられているのです。全身が動かなくなり人工呼吸器を装着している患者の中には，毎月5000円しか払わずに済んでいる人もいます。

　ALSは特定疾病に入っているので，介護保険のサービスである訪問入浴，電動ベッド・移乗用リフトのレンタルなどが受けられます。障害者手帳が交付されると，ホームヘルプ，重度訪問介護などの福祉サービスも受けられます。障害者総合支援法で定められた福祉サービスの場合は，平均の自己負担はゼロに近い水準にとどまっています。公共交通機関の運賃，駐車場料金，携帯電話の料金，NHK受信料，自動車税なども障害の度合いに応じて割引とされています。

車いす，吸引器，パソコンやiPadなどコミュニケーション機器も生活上必要不可欠な日常生活用具や補装具として補助金が出ます。

　こうした手厚い医療や福祉の制度があるからこそ，寝たきりになった重度障害者でお金がない人も，また家族がいない人も生きていくことができるわけです。

　ただ，制度としては整っていても，自分が住んでいる地域に必要なヘルパーを派遣してくれる障害者支援事業所や介護事業所がないために，人工呼吸器の装着をあきらめる患者がいるのは事実です。まぶたや唇のちょっとした動きでALS患者が言葉を合図し，ヘルパーがそれを読み取れるようになるまでには時間と経験が必要で，慢性的なヘルパー不足の解消にはほど遠い現実があります。

　それでもなお思うのは，嘱託殺人の被害者である女性は生きることを選び，実際に医療と介護によって生命を長らえることができていたということです。

　それなのに，なぜ死を求める悲痛な書き込みをツイッターで繰り返していたのか，ということを考えざるをえません。制度では，難病患者の孤独や精神的な苦しみを救うことができなかったということなのでしょう。

　伴走型支援を考えるにあたって，これまでの社会保障や福祉サービスだけでは届かないものがあることを確認しておきたいと思います。どれだけ医療が進歩し，介護体制を拡充しても，救えない命があるという現実を直視しなければなりません。

社会保障の落とし穴

　現在の社会保障は現金の給付と医療や福祉サービスの給付によって成り立っています。障害者福祉の分野は障害者自立支援法（2005年制定）によって予算が大幅に拡充されてきました。ただ，サービスの内容をみると，訓練的な意味合いのものが多いのも事実です。経済的にも社会的にも「自立」して公的なサポートなしでも生きていけるようにするというのが，障害者自立支援法の考え方の土台にあります。

　厳しい財政の制約のもとで，飛躍的に伸びている障害者福祉のニーズをどう整合させるかという難題への回答として，就労を軸としたサービス体系を整備し，障害者が働いて「自立」できるようにすることをめざすことを厚生労働省

は考えました。それが障害者自立支援法の理念です。

　同法施行当時，地域で自立生活を実践してきた身体障害者ら障害当事者や福祉職員から激しい批判が起きました。利用者負担が原則1割と設定されたことや，サービス提供事業者への補助金水準が低かったことが表向きの理由ですが，「自立」の概念をめぐる障害当事者らの直感的な反発が根底にあったように思えます。

　衣食住のすべてにわたって介助の必要な重度の障害者が，入所施設や家族との同居ではなく，24時間ヘルパーを付けてアパートで暮らすことを進めてきたのが彼らの自立生活運動です。働いて生活費を自ら稼ぎ，国や自治体の補助金に頼らず生きることを「自立」とする厚生労働省の考え方に強く反発したのは当然でしょう。「障害者自立支援法」という法律の名称の改廃に強くこだわったのもうなずけます。

　民主党政権時に同法は「障害者総合支援法」と名称が変わりましたが，その理念やサービス体系については自立支援法を継承したものとなりました。

　地域福祉サービスの予算を「裁量的経費」から「義務的経費」に変えたこともあり，自立支援法施行後ずっと予算は伸び続けており，この15年で4倍近くにも膨れ上がりました。さまざまな課題はあるにしても，自立支援法以前とは比べ物にならないほど地域福祉のサービスは拡充されてきました。

　それでも，「自立」をめぐる概念の対立は，いまだ解消されたとはいえません。障害の程度や種別にもよりますが，何をもって「自立」と考えるかは立場によって大きな相違があります。

　少子高齢化による社会保障費の膨張を抑えるため，あらゆる分野で「自立」や自己責任を求める圧力が強まっているように思います。高齢者の場合は，就労して自立を図るというわけにもいかないでしょうが，それでも要介護度の改善に向けた取組みを評価する制度改正がなされてきました。要介護度の改善が見られる自治体への補助を増やすなど，成功報酬ともいえる制度も導入されています。

　このような福祉制度や思想的な文脈の中で「伴走型支援」にどんな意味を見出すことができるのか，どのように位置づけられるのかを考えていかねばならないと思います。

「伴走型支援」をどのように定義するかはまだ議論の余地がありますが，少なくとも経済的な「自立」をゴールにした，訓練的な福祉サービスとは趣が異なるものでしょう。厳しい財政制約のもとで福祉ニーズにどう応えるかという命題を意識すれば，経済的「自立」ができなくても支援し続けなければ生きていけない人がおり，支援し続けることに意味があるのだということを，財政当局や社会に示す必要があると思います。

2 新しい時代の社会保障

命は誰のものか

「死にたい気持ちを医師たちが後押ししてしまったこと。誰だって死にたいと思うようなときもありますが，ALS のような過酷な病気だと，死にたくなることがよくあるのが当たり前です。私も今でもつらいことがあると死にたくなります。生きたい気持ちと死にたい気持ちを繰り返しながら，日々を過ごしているのです」。

自らも ALS 患者である岡部宏生さんは嘱託殺人事件について「命は自分だけのものではない」という寄稿文を毎日新聞「医療プレミア」(WEB 版) に書いています。

若い頃から大手建設会社で働き，50 歳を前にして ALS を発症したのが岡部さんです。すでに全身の筋肉の動きは失われ，人工呼吸器と胃瘻をつけて生きています。現役時代のように会社勤めをして働き，給料を得られるわけではなく，24 時間体制の介護と医療のサポートを受けています。もちろん，自立に向けたゴールを設定しての訓練などではなく，生き続けるために必要な支援を手厚く受けているわけです。

社会保障の拡充だけでは人間は生きられない，幸せをもたらすことはできないと先に指摘しましたが，岡部さんは充実した日々を送っているように思えます。東京大学で「障害者のリアルに迫る」という学生主体の自主ゼミが始まったのは 2014 年からですが，岡部さんは毎年のようにゲスト講師として学生たちに講義し，ディスカッションをしています。岡部さんの言葉に衝撃を受け，

価値観が変わる学生を何人も私は見てきました。岡部さんの自宅を訪ねて交流し，介護チームに入ってヘルパーをするようになった学生もいます。大企業への就職内定を断って福祉施設で働く道を選んだ学生もいます。

　若い感性を刺激し，学生たちの価値観の転換に大きな影響を与えている岡部さんは，「自立」しているといえないのでしょうか。

　岡部さんのようにわかりやすい例ではなくても，重度の障害者や寝たきりの難病患者の中には，家族や支援者にさまざまな影響を与えている人が少なくありません。本人や周囲の人々にその自覚がない場合でも，生きるということは絶えず誰かに有形無形の影響を及ぼし，自分も影響を受けているものです。本来，「生産性」とは企業活動における指標のような狭義の意味だけではありません。目に見えない創造性や生きていることの価値，生きる意味はどんな人にも，どんな命にもあるということを考えざるをえません。

　ところで，充実しているように見える岡部さんにも死にたくなることがあるというのは気になります。それはなぜなのか，そして岡部さんはなぜ死を選ばなかったのか。そこに「自立」をめぐる議論に欠けているもの，生きがいや幸せをどうつくりだしていくかのヒントがあるようにも思えます。

　岡部さんが真剣に安楽死を願ったのは，7年前に奥さんを亡くしたときでした。自殺ほう助を合法化しているスイスに行けば死ねるということを知った岡部さんは，心の底からホッとしたそうです。誰に連れて行ってもらうか，いくら払えばよいかということまで考えたというのですから，そのときの本当に切実な気持ちが推し測れるというものです。

　しかし，岡部さんは死を選びませんでした。自分1人ではスイスへ行けないからです。自殺にしても安楽死にしても，誰かに手伝ってもらわなければできないのが重度のALS患者であり，手伝ってもらう人を探し，説得する必要があります。スイス国内では自殺ほう助の罪に問われないとしても，岡部さんを死なせるために日本からスイスまで連れていき，死を見届けて1人で戻ってくるのです。どんな傷がその人の心に残るのかということを考えたら，とても言い出せないことがわかって，結局自分は死ねないのだと思ったというのです。

ただ一緒にいる（being）ということ

　自分のためではなく，自分を支えてくれる人のために，その人に重い十字架を背負わせないために死ぬことをあきらめたという，その言葉の重さを私たちは噛みしめてみるべきでしょう。

　　生きたい気持ちと死にたい気持ちを繰り返している人には，誰かが関わることが必要だと思います。どう関わるかは人それぞれですが，私の気に入っている言葉に，「支援は doing ばかりではなくて，being が最高なときがしばしばある」というものがあります。doing は具体的に何をするかということ，being はただ一緒にいることです。自分のそばにいてくれる人がいるなんて最高だと思いませんか。それは患者でも健康な人でも同じはずです。簡単に『生きようよ』なんて言えませんが，誰かが関わってくれることで，生きる希望がわくのです。私たちに関わってくれている皆さんがそうなのです。誰かが誰かと関わることが誰かの希望になっているのです。私は思います。誰かが関わってくれるなら死ではなく，生につながってほしいと。

　「自立」というゴールを定め，そこに向けて当事者に福祉サービスを提供する。まさに doing の支援のわかりやすい定型がそこにあります。少子高齢化で「支えられる側」が膨張していく中で，給付の抑制を図る必要があるからではありますが，「自立」に向けて，訓練を主とした福祉サービスでは救えない人がいます。従来の公的福祉サービスでは手が届かないものがあることを嘱託殺人は物語っています。

　ただ一緒にいる being が「最高のときがしばしばある」という岡部さんの指摘は示唆に富んでいると思います。経済的な生産性を重視する価値観からすれば，「ただ一緒にいる」ということが公費を投じるべき支援と呼べるのかという疑問をもたれるかもしれません。しかし，「障害者のリアルに迫るゼミ」で東京大学の学生たちの価値観を揺るがせるような言葉と存在感を発揮する岡部さんを支えているものが，being（ただ一緒にいる）という支援であることを考えるとき，そこに支援し続けることの社会的意味を認めるべきだと私は思いま

す。

　誤解のないように繰り返しますが，東大生に影響力を発するから岡部さんは価値があり，そうではない人には価値がないといっているわけではありません。どんな人でも社会の中で生きている限り，誰かに何らかの影響を及ぼしているし，反射的に周囲の人からも影響されているのです。岡部さんは，あくまでもわかりやすい例で挙げさせていただいているということを留意していただければと思います。

　家族や地域社会などでの人間関係が希薄になっていき，孤立や疎外感が現代に生きる人々の心に空洞を広げています。先進国の中で突出した自殺率，ひきこもり，家庭内での虐待，8050問題，ゴミ屋敷，依存症……。今，私たちが直面している社会課題の多くは孤立や孤独と深い関係があると思います。

　命は自分自身のものですが，自分だけのものでもない，と岡部さんは語ります。孤立や疎外によって乾いた心の空洞を潤す慈雨のように私には感じられます。

3　本人中心の福祉を

伴走型が有効であるために

　「伴走型支援」が何をさすのかが定まっていない段階で，何をもって有効とするのかを論じるのは難しいのですが，「生きにくさを抱えた人に対して期限を切らずに寄り添い，社会に参加あるいは包摂して，生きがいのある人生を歩んでもらうための支援」というようなことを想定した場合，スウェーデンのパーソナル・アシスタンス，日本の重度訪問介護など，24時間365日のマンツーマン支援を思い浮かべる人がいるかもしれません。少なくとも，経済的な「自立」をゴールとして就労などへつなぐことをめざす訓練的支援とは基本的なコンセプトが異なります。

　パーソナル・アシスタンスは日本でも身体障害のある当事者などが以前から導入を訴えてきた制度として知られています。居住の場においても，日中の活動や就労の場においても，移動をする際にもアシスタント（ヘルパー）が付い

て支援をするもので，スウェーデンでは多くの障害者がこの制度を使って地域で生活をしています。入所施設のような集団生活ではなく，障害のない人と同じように地域のアパートなどで1人暮らしをすることを可能にし，電車やバスでどこかへ行く際にもヘルパーが付いていきます。

　障害当事者からすれば，ヘルパーを文字どおり手足のように使うことで，自らの障害を補って普通の暮らしや活動を実現するものです。サービス利用については特別な制約があるわけではなく，障害当事者が必要な支援の内容を指示し，それができるように指導・訓練し，もしも気に入らなければ解雇して別のアシスタントと契約すればいいのです。

　日本では車いすの人が電車やバスに乗る際，手伝ってくれた職員に「すみません」「ありがとう」と口にする風景がよく見られます。それを私たちは当たり前のように思ってきました。ボランティアに対してもそうです。公的補助金で仕事をしている福祉サービスのスタッフに対してすら，どこか遠慮して言いたいことも言えない雰囲気が障害者や家族にはあるのではないでしょうか。

　スウェーデンでは車いすの当事者らが中心になってパーソナル・アシスタンスという制度の実現に向けて政府に強力な要請をし，制度化されてからも車いすの当事者らが経営する団体がアシスタント派遣などの運営に携わってきた歴史があります。そのせいか，障害当事者がアシスタントを雇用して使っている，という意識が強いのを感じます。

　日本でも身体障害の当事者が福祉サービスを運営する団体を立ち上げ，重度訪問介護などのサービス提供に当たっている例があります。彼らの中には厚生労働省の審議会や検討会の委員である人もおり，そうした発言力の強い当事者からはパーソナル・アシスタンスに近いものを日本の福祉制度にも導入しようという発言がよく聞かれます。頭を下げ，感謝を口にしなければ生きていけない現実を変えたいという思いを感じます。

　最近は重度の知的障害や自閉症の人も，重度訪問介護というサービスを使ってアパートでの1人暮らしをする例が出てきました。スウェーデンでも今やパーソナル・アシスタンスの利用者の8割近くが知的障害や自閉症の人が占めるようになったといい，当然の流れなのかもしれません。

　私自身，何度かスウェーデンを訪れてパーソナル・アシスタンスを運営する

当事者団体や政府の担当者に会って話を聞きました。グループホームや日中活動の場を視察して福祉職員たちからも話を聞きました。

　車いすの当事者らが組織する団体では，知的障害や自閉症の人がパーソナル・アシスタンスを利用する流れを肯定的にみていましたが，政府の担当者は「不正が多く，不適切な使われ方が横行して予算の膨張に歯止めがかからない」と頭を抱えていました。

　自分でものごとの判断やコミュニケーションができる障害者は，アシスタント（ヘルパー）を指導し，自分が必要で快適なサービスをしてくれるように教育すればいいのですが，それができないとどうなるのか。そこにこの制度の深刻な問題があると思います。

　アシスタントが良かれと思ってやっていることが，知的障害や自閉症の当事者にとって好ましくない場合があります。知的障害や自閉症の人はその場で「NO」と言えないことがよくあります。もともと言葉を話さない人もいます。嫌だということを本人なりに必死になって態度で表していても，それが大きな声を発したり，自分で自分の頭を叩いたり，アシスタントをつねったり噛みついたり……。アシスタント側はどうしてそんな行動をするのかわからない場合がよくあるでしょう。ついカッとなって叱りつけたり，怒鳴ったり，どうすればよいかわからずに強い力で押さえつけたりすることはないでしょうか。虐待はそうしたところから起こります。

　アシスタントが感性豊かで優れた洞察力や向上心のある人だったとしても，サービスを利用する障害者がいつも満足かどうかはわかりません。人間はわがままなもので，美味しいものを食べ続けていると，別のものやもっと美味しいものを求めるようになります。どんなに素晴らしい支援を受けても，障害者の側が求めるものは変わっていくのが自然です。その変容にアシスタントがどれだけ気づいて，適応していけるのかという点が気になります。

　障害のない人だって何もかも自分の思いどおりにはならないわけで，どこかであきらめたり現状との折り合いをつけたりして生きています。理想を求めたい気持ち，それがかなわない不満，仕方がないというあきらめ。いつも矛盾が心の中で渦巻きながら私たちは生きています。そうした葛藤を周囲に伝え，共有することができる状況をつくるためには，何らかのコミュニケーションが存

在しなければなりません。それがないと現状へのあきらめは依存へと変わっていくでしょう。

　重度訪問介護を知的障害の人にも適用しようという制度改革の論議が社会保障審議会障害者部会で起きたとき，知的障害や自閉症の人の家族や支援者の側から強い懸念が表明されました。行動障害を起こす人に向けた行動援護というサービス類型の拡充，あるいは行動援護を行うための研修を受けることを条件にすべきだとの主張がなされ，身体障害の当事者の委員らとの間で論争になりました。

　判断能力・コミュニケーション能力にハンディのある重度の知的障害や自閉症の人の意思を確かめるのはとても難しいと思います。私自身，重度の知的障害を伴う自閉症の長男と30年以上一緒に暮らしてきましたが，いまだに彼が何を考えているのかわからないことのほうが多いのを認めざるをえません。

　行動援護はとても重要なサービスですが，行動援護の支援者養成研修を受けたからといって，どれだけのことがわかるのだろうというのが正直な思いです。そのような立場からすれば，パーソナル・アシスタンスの危うさを感じてしまうのです。

意思決定支援

　伴走型支援の対象を何らかの「生きにくさを抱えた人」とした場合，生きにくさの内実が問われるのではないかと思います。伴走型支援はホームレス支援の実践から提起された考えだといわれています。ホームレスと一口にいっても派遣切りにあって住居をなくした人もいれば，認知症や知的障害のある人もいるでしょう。発達障害や知的障害のある人の割合が高いことを示す調査結果もあります。

　身体の機能に重い障害のある人，行動面の問題で手厚い支援が必要な人への重度訪問介護や行動援護のような福祉サービスは必ずしも必要ない人も多いと思われます。直接的な身体介護，常時の介護が必要ないという人も多いでしょう。障害者福祉のサービスでいえば，相談支援や自立生活援助に近いものが求められているのかもしれません。

　ただ，支援を受ける当事者と支援者との関係はここでも問題になってきます。

完璧に自らの意思を周囲に伝えられて，自らの意思だけで生きている人はいません。私たちは無意識のうちに関係する周囲の人の意思に影響され，さまざまなことを選択しながら生きています。何もかもすべて自分で考えることは面倒なので，周囲の人の考えに依存しながら判断している場面も実は多いのです。

　孤立や経済的困窮の状態にある人はさらにそうした傾向が強いようにも思われます。「伴走型支援」の支援者はどこまでそうした関係性を自覚しているのでしょうか。

　わかっているようでわかっていない，本当は嫌なのにヘラヘラと愛想笑いを浮かべてしまう，ストレスを感じてもその場で表すことができず，時間と場所が違うところで二次的な症状を表すので，何が原因かわからない……。重度の知的障害や自閉症の人にはそんな特性がみられます。支援者側がストレスを与えているのに，支援者も当事者もそれに気づかず，双方が混乱したまま行動障害を起こしては追い詰められていくのです。

　長期間にわたって寄り添う「伴走型支援」でそのようなことが起きたら，当事者の人生に決定的な影響を与えてしまうことになるかもしれません。

　最近は，知的障害者や認知症の人の支援について，意思決定支援というものが注目されるようになりました。どんな福祉サービスを受けるか，どこに住むか，誰と暮らすか，どのような休日を過ごすか，何を食べるか，どの服を着るか……。日常の小さなことから，人生の大きな選択まで，これまでは判断能力やコミュニケーション能力にハンディのある人の場合，家族や支援者が実質的にはほとんどのことを決めてきました。

　しかし，どんなにわからないように思われても，本人の意思を汲み取ろうともせずに，家族や支援者が勝手に決めるのはおかしいのではないか，本人中心の福祉や支援を考えていかねばならないのではないか。そんな考えから，意思決定支援というものが模索されているのです。

　イギリスでは 2005 年に「意思能力支援法」（MCA：Mental Capacity Act）が制定され，重度の障害者に対しても本人の意思を尊重した選択を支援者や家族に義務づけるようになりました。言葉によるコミュニケーションの難しい重度障害者の場合は，第三者による実質的な代行決定を認めながらも，「ベストインタレスト」（最善の利益）にかなうようにしなければならないと定められていま

す。

　家族や支援者など意思決定権限者と本人が共同して挑む「シェアされた意思決定」などが求められているのですが，具体的な場面でどのように本人から意思を汲み取ることができるのかは，必ずしも確立した方法があるわけではありません。それでも，先入観を排除し，あらゆる場面で本人の意思決定の参画を促し，本人の意思を支援者側が探求していくことが必要とされています。

　法律が求める理想を実現するのはとても難しいとは思いますが，意思決定能力がないことを証明できない限り，どんな人も意思決定できることを前提にしなければならないと法律で定めた意味は大きいと思います。

　日本ではイギリスの MCA を下敷きにして意思決定ガイドラインが定められました。認知症の高齢者も含めた成年後見利用促進事業の中でも，意思決定支援が中心的な課題として議論されています。

　こうした「本人中心主義」の考えは福祉や成年後見などにとどまらず，あらゆる場面に波及していくものと思われます。精神障害や発達障害，依存症などの治療やリハビリにおいても，医師などの専門職はサポートする側に徹して本人が自らの意思で治療やリハビリの方針を決めていく取組みが行われています。

　「伴走型支援」がその例外であるはずがありません。人生という舞台を走る主人公はあくまで本人にほかならず，伴走者はあくまで隣を伴走する人でしかありえません。

　従来の訓練的な福祉サービスだけでは救われない人がおり，伴走型支援の必要性が高まっていることは間違いないと思います。私自身，直感的にその可能性に希望を見出している 1 人です。

　しかし，どんな薬にも副作用はあり，薬効の高いものほど副作用も強いものです。スウェーデンにおけるパーソナル・アシスタンスの議論をみてもそう思います。

　支援の本質をめぐる思想を深め，実践へと反映させていく不断の取組みをしていく中で，「伴走型支援」の本当の有効性がみえてくるのではないかと思われます。

第10章

伴走型支援がつくる未来

村木 厚子

Profile

1955 年高知県生まれ。土佐高校，高知大学卒業。78 年労働省（現厚生労働省）入省。女性政策，障害者政策などに携わる。2009 年，郵便不正事件で有印公文書偽造等の罪に問われ，逮捕・起訴されるも，10 年無罪が確定，復職。12 年，社会・援護局長として生活困窮者自立支援法の制定等の業務に携わる。その後，厚生労働事務次官を務め，15 年退官。

退官後は津田塾大学客員教授で教鞭をとるほか，伊藤忠商事（株）社外取締役などを務める。また，累犯障害者を支援する共生社会を創る愛の基金や，生きづらさを抱える若年女性を支援する若草プロジェクトの活動に携わっている。著書に，『あきらめない──働く女性に贈る愛と勇気のメッセージ』日経ビジネス人文庫，2014 年，『かっこいい福祉』（今中博之氏との共著）左右社，2019 年など。

1　伴走型支援の意味するところ

「伴走型支援」からイメージするもの

　「伴走型支援」には，まだ確定的な定義があるわけではなく，これからみんなで創り上げていくものです。多くの人が「私が考える伴走型支援とは……」と語ることで，この概念と実践は豊かなものになっていくのでしょう。私は，研究者でもなく，福祉に従事する実践家でもありません。そして，公務を離れてすでに 5 年が経ちます。そこで，まず「素人」の目線で，普段の暮らしや自分の人生経験の中で「伴走型支援」というものがどんなものか考えてみました。

　私が自分の暮らしの中で「伴走型支援」という言葉から真っ先に連想するのは「親」の役割です。子どもの誕生から始まって，必要な養育をし，成長を見守っていきます。多くの子どもは学校を卒業した時点で，就職して自立をすることになりますが，それでも，大きな病気，失業，妊娠・出産，離婚など，さまざまな場面で，親に相談したり，経済的に頼ったり，親の手助けを受けたりします。

　こうした親の支援は，子どもに障害や疾病がある場合にはとりわけその役割が大きなものとなります。2004（平成 16）年に発達障害者支援法が議員立法により制定されたとき，法律の必要性を親御さんはこう訴えました。発達障害のある子どもをもつ親は，その障害に気づき医師の診断を受け，療育の専門家の支援を受けるとともに，その子を育てるために必要な知識やスキルを自ら身につける。子どもが幼稚園や保育園に行くことになると，保育士や幼稚園教諭に発達障害のことを勉強してもらい，わが子の特性や対応方法（流行の本の題名を借りれば「トリセツ」）を知ってもらう。やっと慣れた頃，子どもは小学校に上がるので，また，同じことを小学校の先生に対して行う。次は中学校，高校，大学，さらには就職などと，直面する課題の変化に対応しつつ，親は常に必要なサービスを引き寄せることと，本人を取り巻く環境の調整という役割を担う。社会にこれを支援する機関をつくって，本人や家族を支援してほしい，そのためには法律が必要だ。

　こうした親御さんたちの声を受けて，発達障害者支援法が制定され，各都道

府県には発達障害者支援センターが設置されました。こうした親御さんたちの役割は「伴走型支援」そのものです。

「プロの支援」とは何か

　それでは，親，あるいは家族が長く親身になって本人に寄り添う伴走型支援と，福祉のプロが行う伴走型支援とはどこが違うのでしょうか。

　大阪で「アトリエインカーブ」を立ち上げ，知的障害のある人たちの創作活動を20年以上にわたり支援し，多くのアーティストを育て上げてきた今中博之氏と「福祉」について対談をする機会がありました。今中氏は，現在，25人の所属アーティストの日中活動を支え，創作環境を整備し，彼らの作品が現代アートの市場で正当な評価を受け，創作を続けることができるよう力を注いでいます。体調の良し悪し，創作意欲の変化，作風の変化，市場の評価と本人の受け止め，家族の状況の変化など，アーティストのさまざまな状況に応じて，必要なときに必要な支援をしていく姿は，私の目には「伴走型支援」そのもの，それもアーティストに特化したなかなかにユニークな支援に映ります。

　今中氏は「福祉のプロ」とは，「気配りができる人」「障害のある人はそれぞれに生活に困りごとをもっている，それを慮ることができる人」「『障害とは』『生きるとは』といったことについてずっと考え続けられる人」だといいます。そして，「そのためには，長く一緒に居続けることがとても重要」だと教えてくれました。そこで，そういうことなら「親」あるいは「家族」に勝るものはないのではないかと問うてみました。この私の素朴な問いに，今中氏は，「プロの支援者は，職業としてさまざまな人を支援する中で，その知識，経験，スキル，関係機関とのつながりなどを蓄積し体系化している。また，支援を受ける人との濃密な依存関係がないことで，長い目で冷静に見る，ときに『待つ』ことができる」と答えてくれました。そして，「そもそも，『福祉』とは，主体的に人間らしい幸福を追求する権利，『社会福祉』は，その福祉を実現するための社会的な対応。社会は多様な人が絡み合って構成されているのだから，社会福祉の仕事はチームで行う必要がある」と教えてくれました。今中氏は，困りごとは多様なのだからと，福祉を志す人に，福祉の専門職の資格を取ること，そして，もう1つ別の分野で得意なことを身につけるよう勧めているといいま

す。

　私にも，おぼろげながら社会福祉としての伴走型支援の姿がみえてきました。支援者として，あるいは支援チームとして，その人に長く寄り添い，その人が人間らしい幸福を追求することを，ときに一定の距離を置きながら専門的・体系的な知識・ノウハウをもって支援するというイメージでしょうか。

自立とは何か

　ところで，伴走型支援では，支援者はどのタイミングで何をどれだけ支援すればいいのでしょうか。伴走型支援に並ぶ支援の概念としては「課題解決型支援」があります。医療が必要であれば医療，介護が必要であれば介護サービスを提供する，経済的に困窮していれば生活保護費を支給する，就労に向けての準備が必要であれば，就労準備訓練の機会を提供する。こうした場合には，いずれも課題がみえていて，そのために必要なサービスも自ずと決まってきます。しかし「伴走型支援」の場合，長く寄り添いつつ，どのタイミングで何を支援すればいいのでしょうか。

　ここで，もう一度「親」の役割との比較で考えてみたいと思います。尊敬するベテランママに，子育てで肝要なことは「①乳児はしっかり（抱いて）肌を離すな，②幼児は肌を離せ，手を離すな，③少年は手を離せ，目を離すな，④青年は目を離せ，心を離すな」ということだと教わりました。これは子育て4訓とも呼ばれていて，子育てにおいて，「寄り添うこと」と同時に「手放すことの大切さ」を教えているといわれているそうです。私自身のわずかな子育て経験を顧みても，この「手放し方」が子育ての極意であり，もっとも難しい部分であるように思います。プロとしての伴走型支援も，いずれは支援を必要としなくなってくれることをめざしながら，関わり方，手放し方を模索していくのでしょうか。

　ところで，親はなぜこうやって順次手放していくことができるのでしょう。それは，子どもが，さまざまな場面で学び，多様な経験をすることで自信をつけ，自分で判断し行動する力をつけていくからです。その過程では，保育所，学校，友人，そして，職場などが大きな役割を果たすでしょう。それでは，成長し自立した人は，もう，何かに頼ることはないのでしょうか。そうではない

ように思います。親の支援が必要でなくなるもう1つの大きな要因は，成長のプロセスの中で，子どもが親以外に頼る者を見つけていくことではないでしょうか。学校の先生，友人，同僚，恋人，新しい家族など，親以外に相談し頼れる関係を創り，子どもは親の支援から独立していきます。

　この子育て，子育ちのプロセスになぞらえてみると，伴走型支援者の役割は大きく2つです。1つは，本人が，自尊の感情をベースに生きるための能力・経験を身につけ成長することを手助けすることであり，もう1つは，頼ることのできる他者との関係づくりをサポートすることです。そうやって，本人が生きる力をつけ，また，自分を支えてくれる環境を築くことを手伝い，それができた分だけ手を引いていくのです。

　東京大学の先端科学技術研究センター准教授の熊谷晋一郎氏に「『自立』とは依存しないことではない。『自立』とはたくさんのものに少しずつ依存できるようになることである」と教えてもらいました。結局，伴走型支援者の役割は「少しずつたくさんのものに依存することによって『自立』する状況をつくりだすこと」と言い換えてもいいのかもしれません。

2　困難な状況の中で必要なものは何か

必要な2つの支え

　第1節でみたように，自立している人とは「たくさんのもの」に依存している人のことです。ここでは，たくさんのものに支えられている状況を具体的にイメージしてみたいと思います。

　子どもの頃，あるいは病気や障害があるとき，あるいは大きな事故など困難に遭遇したときには，人はとりわけたくさんの支えを必要とします。私事で恐縮ですが，自分が困難に遭遇し，多くの支援に支えられた経験を振り返ってみたいと思います。10年ほど前，私は郵便不正事件で，まったく身に覚えのない容疑をかけられ，逮捕され，取り調べを受け，起訴され，164日間勾留され，そして無罪判決をもらうまでに1年3カ月かかりました。この間，本当にたくさんの支えが必要でした。

大阪地検に呼び出され取り調べを受け，その日の夕方には逮捕されて拘置所に入れられました。当時の気持ちとして，印象に残っているのは「無力感」です。それまで，社会人として，あるいは公務員として，自分は「自立した人間」だと思っていました。ところが，いきなり拘置所に入れられ，仕事もできない，家庭のこともできない，自分を待ち受けている裁判というものがどういうものなのかもわからない，そんな状況で，一体自分はこれから何をすればいいのかまったくわからなかったからです。そのときに初めて，「人は一夜にして支えられる立場になる」と気づきました。「支える人間」と「支えられる人間」がいるのではなく，誰もがときには支えてもらう必要があるのだと実感しました。

　そんな中で，何とか自分を立て直すことができたのはたくさんの支えがあったからです。当時のことを考えると，大きく2種類の支えがあったように思います。まずは，家族や友人，同僚たちの支援です。家族はもちろん，友人や同僚は，変わらずに私に接し，励ましてくれました。こうした支えがなければとてもこの期間を耐え抜くことはできませんでした。

　もう1つの大きな支えは，弁護士，すなわち，プロの支えです。当初，私は，弁護士の仕事は裁判において被告人の弁護をすることだと思っていました。もちろん，それも弁護士たちの仕事の大きなウェイトを占めるものです（この部分は，福祉の分野でいえばまさに「課題解決型支援」に当たるものでしょう）。でも，実際の弁護士の仕事は思っていたよりずっと多様でした。まず，逮捕をされた私に，これから先の起訴や勾留，裁判がどのように進むか，また，取り調べや供述調書がどういう意味をもつのかといった，初めての危機に対処するのに必要な情報を提供してくれました。拘置所では取り調べが行われる20日間，弁護士以外の人とは接見を禁止されているので，弁護士は毎日面会に来てくれて，精神面でのサポートをし，また，必要な差し入れをしたり，家族のメンタルヘルスも支えてくれました。保釈が決まると，拘置所を出るための車両，衣服，宿泊先の手配，自宅に帰った後の健康管理に関するアドバイス等々もしていただきました。その後は，マスコミ対応もすべて引き受けてくださり，無事，判決を迎えました。これはまさしく，私にとっての伴走型支援でした。私が「まるで福祉の支援のようですね」と言うと，「そうですね，社会福祉士の資格を

取る弁護士もいますよ」と言われました。その後もわたしたち家族は，結構長い期間，さまざまなことで引き続き弁護士のお世話になりながら，段々とそこから卒業し「平常の暮らし」の中に戻っていきました。それでも，今なお，時々お目にかかり当時の思い出話に花を咲かせます。何かあれば，また，いつでも相談できる，その気持ちが私たちの平穏な暮らしを支えてくれます。

　家族や仲間の支援とプロの支援，インフォーマルな支援とフォーマルな支援といってもいいかもしれませんが，この2つの支援がなければ，私はこの苦境を乗り越えることはできませんでした。

支える側に回ることの大切さ

　当時を振り返ると，もう1つ大切だと思うものがありました。私が，もう大丈夫，自分は折れずにやっていけると確信した瞬間があります。それは，「そうだ，娘たちのために頑張らなくてはいけない」ということに気づいた瞬間です。このとき，「誰かのため」は強いと思いました。この，支える側に回ることの強さについて，こんなエピソードがあります。無罪判決をもらい職場復帰をして半年ほどたった頃，東日本大震災が起こりました。それから1カ月ほどたった頃に，郡山の避難所に防災担当大臣の随行で出かけました。大臣が「頑張ってください。ご要望があれば遠慮なくおっしゃってください」と避難している方々を1人ひとり励まして歩く後ろをついて歩きました。すると，事件のことを知っている人が多く「あっ，村木さんだ。よかったねえ。頑張ってね」と励ましてくれたのです。「頑張ってください」と励ます大臣の後ろを「頑張ってね」と言われながら歩くのは，とてもきまりが悪いものでした。この話をさわやか福祉財団の理事長，堀田力さんにしたところ「村木さん，いいことをしたね。福島の人はそれまでの1カ月，ずっと励まされ続けていたと思う。でも，人間は励まされるだけでは元気になれない。村木さんを励ますことができて，きっと元気が出たと思うよ」と言われました。福祉の現場の方々は，支援を受ける側の人たちが，自信を取り戻して行くプロセスの中で，誰かのために何かをする，そして，ありがとうと言われることはとても重要だと言います。

　私自身も，事件からの本当の「回復」は，再び職場に戻り「誰かのため」の仕事に復帰することにほかなりませんでした。

このようにみてくると，人は困難に遭遇したとき，その人に寄り添う「伴走型支援」を必要とします。その伴走型支援によって，必要な「課題解決型支援」を引き寄せ，また，さまざまなインフォーマルな支援とつながっていきます。そしてさらには，「出番」を獲得して自信をつけ「自立」，すなわち，たくさんのものに支えられた状況を獲得するように思います。

伴走型支援が成り立つためには，「インフォーマルな支援」と「出番」という社会資源が地域・社会の中にあることが必要になります。それはどうやってつくっていけばいいのでしょうか。

3 地域の資源をどうつくるか，どう生かすか

制度はどこまできたか

第2節でみた支援の形，すなわち，伴走型支援とそれが引き寄せる課題解決型支援，そしてインフォーマルな支援と出番のある地域づくりという方向性を，政策もまためざしてきました。2013年に制定された生活困窮者自立支援法の骨格をつくった生活困窮者の生活支援の在り方に関する特別部会は，その報告書の中で，あるべき支援の形を「包摂的・個別的な支援」「早期的・継続的な支援」「分権的・創造的な支援」と整理しました。これに沿って，法律では，自立相談支援事業，すなわち伴走型支援をこの法律に基づくもっとも基本の事業と位置づけ，また，ほかの法律ではカバーしきれない「課題解決型支援」のメニューをいくつか事業として法律に盛り込みました。

一方で報告書は，基本的視点として「つながりの再構築」を掲げ，「一人一人が社会とのつながりを強め周囲から承認されているという実感を得ることができることは，自立に向けて足を踏み出すための条件である。新たな生活支援体系は，地域社会の住民をはじめとする様々な人々と資源を束ね，孤立している人々が地域社会の一員として尊ばれ，多様なつながりを再生・創造できることを目指す」と指摘しました。また，3つの支援の形の1つ「分権的・創造的な支援」では「個々人の事情と段階に応じ，想いに寄り添った支援は，社会福祉協議会，社会福祉法人，……その他さまざまなインフォーマルな支援組織な

ど，民間の柔軟で多様な取組が活かされ，国や自治体がこれをしっかり支えることで可能になる」としています。このように，報告書は，伴走型支援が機能する基盤として，地域のさまざまな社会資源やそれが提供するインフォーマルな支援や，主体的な社会参加の機会の重要性をしっかりと指摘しています。

そして，それをどう実現するかについてはその後「地域共生社会に向けた包括的支援と多様な参加・協働の推進に関する検討会」で検討が行われ，2020（令和2）年に成立した「地域共生社会の実現のための社会福祉法等の一部を改正する法律」により改正された社会福祉法に基づいて重層的支援体制整備事業，すなわち，「相談支援」「参加支援」「地域づくり」を一体的に実施する事業が創設され，まさにスタートしたところです。枠組みはできたのです。あとはこの枠組みを使ってどうやって柔軟で豊かな社会資源を創るかということでしょう。

伴走型支援の基盤である豊かな地域の社会資源を創るために重要なことは何でしょう。大事だと思うことを提示してみたいと思います。

ゼロを1にする努力を続ける

まずは，ゼロを1にする努力です。私は，中央大学の須藤修先生から「ゼロを1にするのは現場の仕事，必要に気づいて最初に対応するサービスを生みだす。1を10にするのは学者の仕事。新しく生まれたサービスの理論武装をする。10を50にするのは企業の仕事。ニーズに応えて，ペイする範囲でサービスを供給する。50を100にするのは行政の仕事。もし，本当に必要なサービスならばペイしなくても，誰もが使えるよう制度化する」と教えられました。ゼロを1にする人がいなければ，何も生まれません。

伴走型支援を続けると，本人を主体としたニーズがみえてきます。そのニーズを満たそうとすると，自ずと，対応できる資源は何があるか，不足しているものは何かがみえてきます。その欠けているものを「ないから無理」と思うのではなく「どうやったらつくれるか」と考えることがすべての出発点になるように思います。

もう20年近くも前に聞いた話がとても印象に残っています。知的障害をもつ小学生の男の子がいました。まだ，放課後デイなどの福祉サービスもなかっ

たので，学校が終わった後は，家に帰って，専業主婦のお母さんと過ごしていました。ところが，このお母さんが病気で入院してしまいました。さて，授業が終わる3時から，お父さんが残業が終わって帰ってくる10時までをどうするか。このときは，こんなふうに解決したといいます。5時までは先生が職員室にいるので，男の子にも，職員室で過ごしてもらうことにします。お父さんには，残業を早く切り上げ8時には家に帰ってきてもらうようにし，どうにも対応しようがない5時から8時までを市がヘルパーを派遣することにしました。地域や家族の支援もフルに使いながら，それでもなお足りないところを新しいサービスの形を創って埋めたのです。こうして，この家族はお母さんの入院という危機を乗り越えました。

　伴走して，必要な支援を引き寄せる。引き寄せるサービスがなければ創る。この繰り返しで，支援は充実していきます。

担い手を創る

　さて，こうやって「サービスがないところ」すべてを公的サービスで引き受けることは可能でしょうか。また，それはいいことでしょうか。長年公務の分野で仕事をしてきた立場から率直に本音をいえば，制度はつくった次の瞬間から硬直化が始まり，狭間ができます。また，税金を使った制度である以上「税金を使うのにふさわしい事業か」「住民間の公平性は保たれているか」ということも常に問われます。やはり柔軟な私的なサービスや私的な人と人との関係がなければ公的サービスだけでは必要を満たすことは難しいと思います。

　島根県にある「お互い様」という互助の仕組みはその大きなヒントを与えてくれます。地域の住民の困りごとをコーディネーターが電話で受けつけて，対応できる「応援者」を探します。「応援者」になりたい人は，あらかじめこんなことならできるよということを登録しておきます。家事支援，介護・介助，育児支援などの応援が主ですが，とくに制限はなく，困ったらまずは相談してみてくださいというスタンスです。コーディネーターが丁寧に事情を聞いて，対応できる応援者を探します。運営する方の言葉を借りると，「困ったなぁ」と「私でよければ」を結びつける仕組みです。利用料はたとえば平日の昼間なら1時間800円，応援者にはそのうち600円が支払われ，差額は運営費として

使われます。持ち込まれる困りごとはさまざま，病院に入院した人の24時間の付き添いを数か月にわたって交代で行うといったものから，目の不自由な方が同窓会に出席するのに一日付き添ったり，旅行中ペットを預かったり，変わったところでは，蚕のえさの桑を探すというのもありました。一体，依頼のあった事案のうち何割ぐらいの案件に対応できているのか聞いたところ，「私のできる範囲でよければ」という形で対応することによって，結果としてほとんどの相談に対応できているといいます。助けてもらった人が，「今度は私が助ける番」と応援者として登録してくれることもあると聞きました。そこには，まさに豊かな「お互い様」「互助」の精神が生きていました。

　秋田県藤里町はひきこもり支援で有名です。当初，当然ながら自分たちの町の住民への施策として始めたひきこもり支援ですが，これを担った藤里町社会福祉協議会の理事長菊池まゆみさんのユーモアあふれる解説によれば，自分の町にひきこもりがいなくなってしまったので，ほかの町からひきこもりの若者に来てもらった。町の商店や農家で少しずつ実習を重ねることで社会とのつながりを取り戻してもらったといいます。町の小さな商店や農家の方々がひきこもり対策の重要な役割を担ったのです。この藤里町では，「町民全員が生涯現役」をめざしています。「シルバー人材センター」のさらに上を行こうと「プラチナ・バンク」を創設して，誰もが，自分がやりたいこと，自分ができることで，働くことができるよう，仕事のあっせんをしています。菊池さんによれば，デイケアに通っている人もそこでできることをやってもらうというのですから，徹底しています。藤里町を訪ねたとき，私は，重要な場面を「目撃」しました。社会福祉協議会の若手スタッフが，イベントの反省会で，準備が十分でなく住民の方に叱られたので，次回は準備をしっかりやりますと発言したところ，理事長から，「そんなことをしてはダメ，叱られてもいいから，次回も自分たちではできないからどうか手伝ってくださいと頼んでやってもらいなさい」と指導されていたのです。

　こうした市民の助け合いや有償無償のボランティアは時に非難の対象になります。公的サービスの肩代わりをさせているという非難です。しかし，私はそうは思いません。もちろん，公的な福祉サービスは重要ですが，併せて，柔軟で自由度の高いさまざまな「担い手」がいることで，ニーズがよりよい形で満

たされることになります。また，忘れてはならないことは，そうしたサービスの担い手にとっても，生きがい，やりがいになるということです。

「異なるもの」とのつながりが面白い

第1節で紹介した今中氏の「『福祉』とは，主体的に人間らしい幸福を追求する権利」という言葉に従えば，1人の人間の「人間らしい幸福」には，衣食住はもとより，仕事やスポーツや娯楽，文化的な活動などさまざまな分野が関わってきます。したがって，福祉はたくさんの分野と手を携えることが必要になります。支援の担い手を増やそう，そう考えるとき，われわれは，ついつい「福祉」や「ボランティア」といったもの，あるいは，「住民の互助システム」のようなものだけに目が行きがちです。しかし，実は，社会にある資源はもっとずっと豊富です。

これは「出番」を考えるとはっきりします。まず，注目したいのは，企業の力です。たとえば，障害者の就労を考えると，福祉に日頃なじみがあると，就業継続支援A型，あるいは同B型などをすぐに思い浮かべますが，こうした福祉的就労に従事する人は40万人足らず，一方企業等に雇用されている障害者は規模46人以上の企業だけで56万人，これ以下の規模の企業等を合わせると倍近くの100万人前後の障害者がいわゆる一般就労をしていると思われます。企業でもSDGsやESGといった考え方が注目されるに従い，企業の社会的価値を真剣に考え，行動する企業が増えています。これと連携ができれば，こんな心強い味方はありません。

最近は「ノウフク」も注目されています。「農業」と「福祉」の連携です。農業で障害者を雇用することからスタートしたノウフクですが，最近では，高齢者，ひきこもり，刑余者などさまざまな人が自分に合った働き方を見つけられる場所として注目を浴びています。こうした新しい担い手が入ってくることで「人手がある」ことによる付加価値の高い事業が展開でき，農業そのものの発展，地域の活性化にも効果が出ている例がたくさん出てきました。

働く場だけでなく，たとえば，モーニングを提供する喫茶店が高齢の方の「居場所」になり，健康管理，安否確認の機能を果たしている。これも地域の社会資源のよい例でしょう。

住宅セーフティーネット法の改正による「居住支援」の分野では，不動産事業を専門とする分野の人たちも大きな力を発揮しています。

　福祉が異なるものに出会い「化学変化」を生み出せば，福祉が変わり，また，福祉が社会を変えるエネルギーにもなります。

社会の仕組みそのものを変える

　豊かな社会資源に目を向けるためには，福祉の考え方の枠組みをぐっと広げる必要がありそうです。日本フィランソロピー協会の理事長である高橋陽子氏は，日本の社会は，「行政依存型社会」だといいます。日本の従来の社会は，公的なことは第1セクター（行政）が取り組む，経済活動は第2セクター（企業）が担う。そして，非営利で公的な活動を行う第3セクター（NPO，NGO）は未発達である（図10-1の左側）。そういう社会の特徴として，社会課題が解決されないとき行政に批判が集まるといいます。そして，行政への批判は，「行政への依存の裏返し」でもあります。こうした社会では，1人ひとりの幸福追求の支援のための社会資源も乏しいものとなります。では，どうすれば，こうした社会資源が豊かな社会を創れるのでしょうか。

　あるべき方向は，図10-1の右側です。もっと第3セクター（NPO，NGO）

図 10-1　社会システムの変化

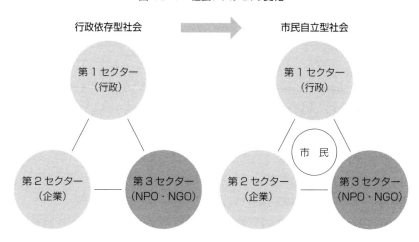

（出所）　公益社団法人日本フィランソロピー協会作成。

を育て，第1セクター（行政），第2セクター（企業）とともに，それぞれのセクターの強み，得意を活かして，協働して社会課題にチャレンジをしていく「市民自立型社会」です。考えてみれば，行政で働く人も，企業で働く人も，NPOで活動する人もみな「市民」です。市民として自分の住む地域を，社会をよくしようという気持ちで，その市民が，それぞれの所属する組織の強みを生かして行動すれば，「社会資源」は格段に豊かになります。そういえば，SDGsの目標の最後に登場する目標17は，「パートナーシップで目標を達成しよう」です。

　市民が，さまざまな社会課題に関心をもつのはどんなときでしょうか。1つは「理解」です。私たちの周りにさまざまな社会課題があっても，当事者でない限り，なかなかそれに気づかないことが多い。社会にこんなに困窮している人がいる，「悪い人」「さぼっている人」「弱い人」に見えている人々にはこんな背景・事情がある。それを伝えることは，福祉に携わる人や研究者の大切な仕事です。もう1つは「参加のハードル」を下げることです。これは，日本サッカー協会の理事をやっていた友人から教えられました。サポーターの多いチームがやっている工夫として，1人でも，少人数でも参加しやすい，自分の好きなことと絡めて参加できる，やると楽しい仕掛けが工夫されているといったことがあるそうです。知ってもらい，参加のハードルを下げて「味方」を増やしていきたいと思います。

まとめにかえて

　私は，本書のテーマである「伴走型支援」を親の役割に例えました。「肌を離さない」「手を離さない」「目を離さない」「心を離さない」というステップを踏みながら，本人の成長・エンパワーに応じて，そして，本人のつながったほかの「社会資源」の豊かさに応じて心は通わせつつも，手は離していく。そして，危機が訪れれば，また抱き留める，それが伴走型支援のように思います。そして，その伴走型支援が成り立つためには，福祉分野における「課題解決型支援」が充実すると同時に，「生きる」ことを支える多様な社会資源があることが前提になります。片側で「当事者」に寄り添いながら，もう片側で「社会」を耕していく，そんなチャレンジングな仕事が伴走型支援です。この仕事

を1人でこなすわけではありません。課題を福祉のチームで共有しながら，また，広く多様な関係者に協力を呼びかけながら，さらには，地域に，市民に問題を投げかけながら，多くの力を巻き込み，紡ぎ合わせながら，進むことになるのだろうと思います。たくさんの「伴走型支援」の物語が縒り合わされることで，社会がより優しく強くなっていくことを心から願っています。

あらためて伴走型支援とは何か

物語の支援

奥田　知志

1 伴走の成果——物語の創造

「支援の成果」。私たちは，現場に関わりながら常にこのことを考えてきたように思います。「再就職ができた」「生活再建ができた」「多重債務が解決できた」「生活保護の申請ができた」。どれも問題を抱えて苦しんでおられるご本人にとって重要な「成果」です。しかし，一方で「〜できた」という言葉に，時に現場は苦しんできました。

一筋縄ではいかないことも少なくありません。支援計画どおりに事が進まない。収入が安定したことで依存症が復活した。さらに第1章で述べたとおり「自立が孤立に終わる」。何を「成果」とするかは問題解決型支援においても難しい課題です。

伴走型支援は，「問題解決の成果」を問うものではなく「つながり」に着目します。確かに「つながり」においても「つながることができたか，できなかったか」という言い方は成立しますが，問題解決ではなく「つながる」ことで良しとする。これが伴走型支援です。

では，伴走における「成果」とは何でしょうか。私は，それを「他者とのつながりにおける外発的な動機による意欲の醸成」だと考えています。「意欲」とは，自分が自分として生きたいと思えることであり「自分の物語を生きる」ことです。この「自分の物語の創造」が伴走型支援最大の「成果」だと思います。

解決型であっても，伴走型であっても目的は「個人の自律（autonomy）」です。困窮者支援においては「自立（independence）」が重視されますが，これは「最低限度の生活」（憲法25条）を整えることです。そして，これこそが国家の存在意義だといえます。

しかし，生活の基盤が整うだけでは，本当の意味で「その人がその人として生きる」ことにはなりません。「自律」とは，自分の状態を認識し，存在意義や使命（ミッション）を知り，「私の物語を生きること」です。そして，この「私の物語」の創造において欠かせないのが「他者とのつながり」なのです。物語には「主人公（私）」のほかにも登場人物が必要だからです。面白い物語

ほど登場人物が多彩です。「私」しかいない物語は「自利的」になりがちですが，他者が登場する物語は「利他性」という普遍的価値を育みます。

2 「エサ」と「弁当」——人が物を物語に変える

野宿状態の人々は，食事のことを「エサ」といいます。なぜエサなのか尋ねると「残飯を漁っているから犬猫と同じ」との答えが返ってきます。

一方でNPOの主催する炊き出しに並ぶ人に「受け取ったものは何ですか」と尋ねると，「これはお弁当」と返答されます。「エサ」と「弁当」の違いはどこからくるのでしょうか。

食べ「物」という点では，両者は大差ありません。コンビニから廃棄された弁当も十分食べられますし，実はNPOの提供するお弁当より豪華だったりもします。だがそれは「エサ＝残飯」に過ぎません。

一方，炊き出しの弁当は「物」においては大差なくとも「人」が関わっています。私は，「物」に「人」が関わることで「物が物語化する」と考えてきました。配られる弁当には，「あなたのためにつくったお弁当です」「あなたに生きてほしい」「あなたは1人ではない」など物語が付加されています。炊き出しに並ぶ人々は，食べ「物」とともに「物語」を食しているのであって，それを彼らは「エサ」と「弁当」の違いとして区分している。逆に他者との「つながり」が途切れると人は「物語からの排除」をされます。食べること（自立）はできても，物語から排除されることで「孤立」し「自律」が困難となります。

ひとり親家庭の現実はたいへん厳しいものがあります。日本の相対的貧困率は15％（2018年）ですが，ひとり親の世帯は50％を超えています。仕方なくダブルワークを続ける親も少なくありません。もはや「自助」ではいかんともしがたい状態だといえます。

朝，子どもたちと一緒に出勤し，夕方いったん帰宅する。子どもと夕食を済ませ再び次の仕事場へ。「女性の活躍」などと調子のいい掛け声とは乖離した現実です。7年前に始まった抱樸の「子ども家族まるごとプロジェクト」においても，そのような家庭と多数出会ってきました。国は「食育」を推奨してい

ます。「食育は，生きる上での基本であって，知育・徳育・体育の基礎となる
ものであり，様々な経験を通じて『食』に関する知識と『食』を選択する力
を習得し，健全な食生活を実現することができる人間を育てることです」とそ
の意義が説かれています（農水省HP）。それはまったくそうなのですが，ひと
り親家庭にとってそれを実行することは困難です。

　ひとり親家庭の貧困の解消は，待ったなしの国の責務だと思います。しかし，
それでも物語は生まれます。子どもたちが大人になったとき，彼らは何と言う
でしょうか。「俺の母ちゃんデタラメで，いつもコンビニ弁当ばっかり。ロク
なもの食べさせてもらわなかった」と言うでしょうか。「俺の母ちゃん偉い人で，
朝から働いて夕方帰ってきて一緒に食べて，また働きに出かけてた。『何を食
べたか』はもう忘れたが『誰と食べたか』は忘れない」。そう言う子どもが必
ずいると思います。これこそが「つながり」の中から生み出される「物語」で
す。そして，その物語が「外的な動機」となり，子どもたちに「生きる意欲」
を与えるのだと思います。「物語が生まれるからひとり親家庭の困難も意味が
ある」と言いたいのではありません。繰り返しますが，国は責務としてこの問
題を解消すべきです。一方で大切なのが問題解決とともに「物語の創造」なの
です。

　これまで社会保障は，現金給付と現物給付を行うことによって成立してきま
した。社会保障が「金と物」に絞り込んだ背景には，家族や家族的経営と呼ば
れた企業の存在が大きかったと思います。家族と企業が「金」や「物」を「物
語化」する役割を一定程度担ってきたと思います。

　しかし，非正規雇用が4割に迫り家族的経営は下火となりました。それに引
きずられるように家族も力を落としました。現在では，それらに代わる「人」
の存在が必要となっています。

　伴走型支援は，つながり続けることによって「物」を「物語」に変える支援
です。それは従来家族が担ってきた機能としての「物語化」を社会や赤の他人
が引き受けること，すなわち「家族機能の社会化」が伴走型支援の大切な役割
であるといえます。

3　支援の両輪——断らないために

　「断らない」は，生活困窮者自立支援事業や重層的支援体制整備事業（地域共生社会）においても主要なテーマとなっています。さらに SDGs（国連の持続可能な開発目標）においても「1 人も取り残さない」ことが掲げられています。これを実現するためには「問題解決型支援」と「伴走型支援」を「両輪」として一体的に行使する必要があります。

　2017（平成 29）年 12 月に「社会保障審議会生活困窮者自立支援及び生活保護部会」の報告書には「自立相談支援事業のあり方としては，相談者を断らず，広く受け止めることが必要であり，（中略）こうした『断らない』相談支援については，今後とも徹底していかなければならない」とあり，「断らない」の徹底が求められています。ただ，報告書には以下の意見も添えられていました。「また，『断らない』相談を継続するために，相談を受け止める相談支援員がバーンアウトしないよう，スーパービジョンやフォローアップ研修等が必要」。

　「断らない」を徹底すると支援員がバーンアウトしてしまう。なぜでしょうか。ここには「支援」に関する考え方，つまり「支援論」が大きく関わっていると思います。

　これまでは「解決型」が支援の中心でした。解決型の場合，「相談を受けること」は「問題を解決すること」を意味しました。この「引き受けたら解決しなければならない」という前提は，問題が複雑で難しいほど支援員にとって負担が大きく，バーンアウトしてしまうことになりかねません。それを避けるために支援員のスキルアップ（研修等）が必要だとの意見が述べられていたわけです。スーパービジョンや研修が必要であることはいうまでもありません。しかし，はたして支援員のスキルアップだけで「断らない」を実現することは可能でしょうか。そんなスーパーマンみたいな支援員を求めることこそ，彼らを追い詰めることになりかねないかと私は危惧します。

　必要となるのは「オルタナティブな（もう 1 つの別の）支援論」です。それが「伴走型支援」です。解決型に加え伴走型を「支援の両輪」とするとき，「断らない」が成立します。なぜならば「断らない」は，「問題を解決する」という

面と同時に「解決できなくてもつながり続ける」という面があるからです。

　支援が解決型だけに偏重するとき，支援員のバーンアウトリスクは高まります。また，それを避けるために「クリームスキミング（いいとこ取り）」ということも起こりかねません。つまり，解決（成果）しなければ評価されないというプレッシャーの中で「解決できそうな相談だけ受け，難しい相談は受けない」という事態です。

　繰り返しますが，伴走型は，必ずしも「問題解決」を意味しません。解決できなくても「つながる」「孤立させない」「1人にしない」「一緒に悩む」「一緒に動く」ことはできます。解決以外にもできることはあります。

　これまで「相談」は，問題解決のための「手段」だと思われてきましたが，伴走型支援においては「相談」は「支援そのもの」であり「目的」です。支援員のバーンアウトを防ぐために2つの支援を「両輪」として行使することが重要です。

　この意味で伴走型支援は，支援者にとっても「やさしい支援論」だといえます。決して「解決」を放棄するわけではありませんが，「問題は解決しないがつながっている」という「成果」に胸を張ってよい。これが伴走型支援の強みです。

4　おわりに──「何もできなかった」は，本当か？

　本書が，コロナ禍のただ中に出版されることの意味は大きいと思います。私たちは，この1年「新型コロナウイルス感染症」に翻弄されてきました。感染，重症化，そして死。伝染病の脅威は，世界を蹂躙し続けています。経済への影響は計り知れず，困窮者激増の中，支援現場は混乱を極めました。そもそも「密」が当たり前だった支援現場において，感染リスクを負いながら立ち尽くした日々。給付金・貸付金の手続きに追われ肝心のケアが追いつかず，支援計画もままならない。これまでの経験が無に帰したかのような日々の中で，私たちは彷徨したのでした。

　「問題解決」を第1に考えてきた支援員の多くが無力感を感じました。給付

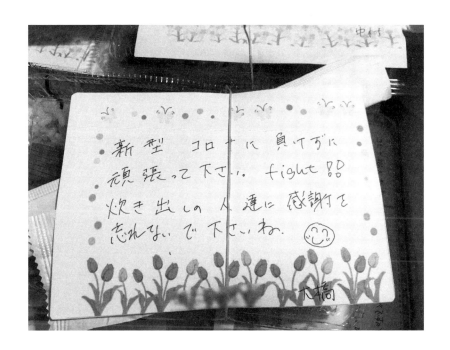

や貸付金が出たとしても，根本的な問題は解決していない。それどころかいっそう孤立は深刻な状態になっている。「コロナで訪問すらできない」「何もしてあげられない」。嘆きとも呻きともとれる声が現場から漏れ聞こえてきます。

　でも，私は言いたいのです。「あなたは何もできなかったわけではない」と。相談者のことで悩み続けた日々，何もできずただ右往左往していただけのように思えた日々。いや，私たちは「右往左往できた」のだと言いたいのです。

　「つながり続ける」ことをめざす伴走型支援は，解決できなくても「支援」ができることを示しています。感染リスクを抑えるため訪問を避ける。それでも「何とかつながろう」と電話をかけ，メールを打ち，置手紙をした。抱樸の炊き出しも様変わりせざるをえませんでした。「一緒に食べる」が特徴だった炊き出しでしたが，それはできない。悩んだ末，全国の支援者に手書きの手紙を書いてもらい，すべてのお弁当に添えました（写真）。「あなたのことを心配している」と。解決できなくても「1人にしない」。これをあきらめることはなかったのです。だから「何もできなかった」のではありません。私たちは，「伴走型支援」をやり続けていたのです。

コロナ禍はまだしばらく続くでしょう。しかし，闇が深まれば深まるほど光は明らかになります。私は，コロナ禍を生きる中で伴走型支援の価値が光のように明らかになったと感じています。つまり，コロナ禍によるソーシャルディスタンスをとらざるをえない状況が，「伴走型支援の意味」を明らかにしたのです。分断された社会を共生の社会に変え，ひいては人と人とのあり方そのものを変革する。伴走型支援にはそのような可能性があると私は期待しています。

索　引

アルファベット・数字

AA（匿名断酒会）　→断酒会
ALS（筋萎縮性側索硬化症）　156-159, 161, 162
CSW　→コミュニティソーシャルワーカー
DV　26, 89, 112
SDGs　182, 184, 191
SST（社会生活技能トレーニング）　140

あ　行

アウトリーチ　62, 65, 75, 77, 84, 87-89, 92, 122, 123
　　——における事前準備　76
　　——を基軸とした伴走型支援　75
アセスメント　65, 66, 90
アルコール依存　58, 59, 89, 132
安楽死　157, 158, 162
医学モデル　136
生きづらさ　147
生きる意欲・働く意欲の低下　10
生きる苦悩　147
活きる情報の提供　78
意思決定ガイドライン　169
意思決定支援　168, 169
意思能力支援法（イギリス）　168
依存関係　82, 124
依存症　141
居場所　67, 182
エコロジカルソーシャルワーク　118
エンパワメント　63, 118
オルタナティブな支援論　191

か　行

外発的な動機　8, 10
カウンセリング　83, 143
核家族化　57
学習支援　67
家族機能の社会化　14-16, 51, 125, 190
家族支援　85
課題解決型支援　28, 46, 47, 49, 50, 114, 115, 118, 127, 174, 176, 178, 184

課題解決を目指すアプローチ　→課題解決型支援
家庭内暴力　89
記憶　14, 47, 51
虐待　89, 112
共感　100
行政依存型社会　183
共生保障　128
記録　126
近代化　145
クリームスキミング　192
グループワーク　118
苦労の文化　147
ケアリングコミュニティ　121
経済的困窮（貧困）　9, 12, 20, 22, 26, 32, 47, 56, 112
ケース会議　101
ケースワーク　118
ゲーム依存　85
幻覚　143
研修　126
幻聴　138, 145
憲法13条　115
権利擁護（アドボケイト）　120
校区福祉委員　57
行動援護　167
国民皆保険　158
互助的関係性　48
コーディネート　51, 52
孤独死　103
孤独問題担当大臣（イギリス）　28
子ども家族まるごとプロジェクト　189
子ども食堂　7, 67
子ども・若者育成支援推進法　88
断らない相談支援　191
断らない福祉　56
個別支援　117
　　——と地域づくりの一体的な支援　125
ゴミ屋敷　7, 56, 59, 65, 66, 112, 113
コミュニティオーガニゼーション（コミュニティワーク）　118
コミュニティソーシャルワーカー（CSW）

　56, 58, 60, 66, 113
コミュニティソーシャルワーク　　113
孤立死　　112

さ 行

最低限度の生活（憲法25条）　　188
参加支援　　121, 179
シェアされた意思決定　　169
ジェネラリスト・ソーシャルワーク　　117-120
支援員のバーンアウト　　191, 192
支援会議　　127
支援関係の構築　　79
支援拒否事例　　116
支援困難事例　　116
支援の両輪　　191
死後事務　　44
自己責任論　　21
自己認知不全　　10
自己有用感　　51, 63
自　殺　　112
自傷行為　　89
施設型支援の限界　　74
事前準備　　124
　　──に基づく徹底した当事者理解　　90
自分自身からの疎外　　10, 12
自分の物語の創造　　188
自閉症（自閉スペクトラム症）　　86, 166-168
市民後見　　120
市民自立型社会　　120, 183, 184
社会改良運動　　137
社会課題　　184
社会参加　　114, 179
社会資源　　183, 184
社会資源開発　　120
社会的孤立　　9, 10, 12, 26, 32, 41, 42, 47, 56, 67, 72, 91, 112-114, 116
　　──と経済的困窮　　46
　　──に対する伴走型支援の意義　　48
　　──の測定指標　　42
　　親の──　　61
社会的サポート　　11
社会的排除　　21, 120
社会的剝奪　　21
社会福祉基礎構造改革　　120

社会福祉協議会　　57
社会福祉士　　117
社会福祉法　　179
社会保障　　156, 159, 190
社会保障審議会生活困窮者自立支援及び生活保護部会　　191
社会保障審議会福祉人材確保専門委員会　　117
重層的支援体制整備事業　　121, 127, 179, 191
住宅セーフティネット法改正　　183
集団活動　　82
重度訪問介護　　164, 165, 167
就労支援　　86
就労体験　　63, 64, 67, 83, 85
受援力　　121
障害者自立支援法　　159, 160
障害者総合支援法　　158, 160
小集団活動　　82
職　親　　83, 85, 86
自　律　　12, 188
　　個人の──　　188
自　立　　160, 163, 175
自立支援　　7
自立生活運動　　137, 160
自立相談支援事業　　191
人工透析　　156
申請主義　　66, 112
人生という時間軸　　16
人生の物語　　47
ストレス耐性　　80, 82, 85
ストレングス　　77, 113, 118, 119, 124
ストレングスモデル　　118
スーパーバイザー　　126
スーパービジョン　　126, 191
生活困窮　　20, 28, 32, 47, 56
　　──のリスク　　22
生活困窮者自立支援事業　　56, 191
生活困窮者自立支援制度　　113, 114, 121
生活困窮者自立支援法　　56, 88, 112, 178
生活困窮者の生活支援の在り方に関する特別部会　　114, 178
生活保護世帯　　22
生活モデル　　118
精神医療　　137
精神疾患　　89

制　度　106, 107, 120
　　──の隙間　15, 27
　　──の狭間　56, 116
成年後見利用促進事業　169
セツルメント活動　137
セーフティネット　116, 125
セルフネグレクト　59, 112, 122
善意銀行　122
専門家幻想　135, 136
専門職　68, 69, 108, 119, 120
　　──による伴走型支援　116, 126
　　──の地域への働きかけ　58
専門性　136
葬　儀　15, 51
総合相談　124
相互実現　125
相互実現的自立　121
相対的貧困　21
相対的貧困率　189
相談支援　179
組織の中での多角的なアプローチ　101
ソーシャルアクション　119
ソーシャルネグレクト　62
ソーシャルワーカー　127, 136
　　──養成の新カリキュラム導入　117
ソーシャルワーク　114, 117, 119, 136

た　行

第3セクター（NPO, NGO）　183
対　話　100, 142, 152
　　──を通したアセスメント　123
炊き出し　6, 7, 193
多重困難ケース　89
多職種連携　90
多様性　101
断酒会（AA）　132, 140
単身化　57
単身者　36
単身世帯　36, 37
地域課題　65
地域共生社会　16, 46, 114, 191
　　──の理念　120
地域共生社会政策　117
地域共生社会に向けた包括的支援と多様な参
　加・協働の推進に関する検討会（地域共生社

会推進検討）　46, 127, 179
　　──の最終とりまとめ　114
地域共生社会の実現のための社会福祉法等の一
　部を改正する法律　179
地域住民　120, 125
　　──と協働した伴走型支援　116
地域生活課題（社会福祉法4条3項）　117
地域づくり　56, 65, 113, 114, 117, 120, 125,
　179
地域における住民主体の課題解決強化・相談
　支援体制の在り方に関する検討会（地域力強
　化検討会）　114, 117
地域の社会資源　179, 182
地域の偏見や排除　125
地域福祉計画　120
地域福祉の基盤づくり　120
地域包括支援センター　57, 60
地域ボランティア　61, 66
地域力　125
地域若者サポートステーション事業　88
地域を基盤としたソーシャルワーク　118,
　120
知的障害　166-168, 173
町内会　103
直接的支援の不足　75
つながり　11, 188
　　──の本質　11
　　社会との──　7
　　他者との──　188
つながり続けることを目指すアプローチ
　　→伴走型支援
つながり続ける支援　33
つなぎ・もどし　13, 15, 28, 51
適応支援プログラム　86
同　行　124
統合失調症　137-139, 141, 143, 145, 147, 150
統合ソーシャルワーク　143
当事者研究　118, 123, 140-142, 144, 145, 147,
　150, 153
　　──の理念　148

な　行

内発的な動機　8, 10
ナナメの関係性　90
ナラティブ　118

難病患者　136, 157
西鉄バスジャック事件　4
日本型社会保障システム　14
日本型生活保障　26, 27
日本伴走型支援協会　9
人間関係の貧困＝社会的孤立　56
認知科学　143
認知行動療法　83, 85, 140
認知症　168, 169
認知・ヒューマニスティックアプローチ
　143
　――の原則　144
ネットワークづくり　91
農福連携　182

は　行

ハウスレス　9
パーソナル・アシスタンス（スウェーデン）
　164-167, 169
パーソナル・サポート・モデル事業　30
パーソナル・マネジャー　30
パターナリズム　119
8050問題　14, 25, 57, 61, 62, 72, 102
発達障害　89
発達障害者支援センター　173
発達障害者支援法　172
伴走型支援　9-12, 15, 17, 28, 33, 46, 49, 50,
　68, 112, 114, 116, 118, 121, 127, 128, 152, 153,
　161, 164, 167, 168, 172, 174, 176, 178, 184, 188,
　190, 194
　――における自立・自律の捉え方　122
　――についての評価指標　126
　――の困窮概念　47
　――の対地域・対社会の取組み　48
　――の目的　47
　――の領域　13
　　専門職領域　13
　　地域共生社会領域　13
伴走型支援員　48, 50
伴走型支援士　112
伴走型支援士養成講座　9
伴走者　98, 109, 124, 125
伴走のタスキ　97, 98, 109, 124
ピアサポート　73, 85
非援助の思想　146

ひきこもり　25, 56, 61-63, 66, 67, 72, 74, 75,
　79, 80, 88, 89, 92, 112
　中高年の――　61
ひきこもり死　72
ひきこもり支援　181
ひきこもり地域支援センター　89
『ひき裂かれた自己』　136
非正規雇用　22, 190
ひとり親家庭　189, 190
　――の貧困　190
開かれた専門性　138
貧　困　21, 89
　子どもの――　28
貧困率　22
フォローアップ研修　191
福祉教育　108, 120
福祉コミュニティ　119
福祉的就労　182
福祉なんでも相談窓口　57, 60
不登校　25, 84, 88
フードバンク　67
プレディカメント　146
プログラムの質的量的コントロール　82
ベストインタレスト（最善の利益）　168
弁護士　86, 176, 177
包括的な支援体制（社会福祉法106条の3）
　117, 120, 124
抱　撲　6, 46, 189
母子世帯　23, 26
　――の貧困率　22, 24
ホームレス　9, 67
ホームレス支援　4, 47, 64
ホームレス支援全国ネットワーク　9, 112
ボランティア　100, 121, 122, 181
ボランティアセンター　122
本人主体　12, 118, 119
本人中心主義　169

ま　行

未婚化　38, 52
民生委員　57, 64, 86
　――の助け合い資金　60
妄　想　138, 143
もどし・つなぎなおす　125
物語からの排除　189

物語の創造　190
問題解決型支援　8, 11, 12, 15-17, 191　→課
　題解決型支援

や 行

寄り添う支援　121

弱さの情報公開　139, 148

ら・わ 行

ライフエンディング支援機関　52
レジリエンス　118
我がごと感　65

♣ 編者紹介

奥田 知志（おくだ ともし）

NPO法人抱樸理事長，東八幡キリスト教会牧師。これまでに3600人（2021年3月現在）以上のホームレスの人々の自立を支援。その他，生活困窮者自立支援全国ネットワーク共同代表，共生地域創造財団代表理事，全国居住支援法人協議会共同代表，国の審議会等の役職も歴任。主著：『『逃げ遅れた』伴走者——分断された社会で人とつながる』本の種出版，2020年，『いつか笑える日が来る——我，汝らを孤児とはせず』いのちのことば社，2019年，『『助けて』と言える国へ——人と社会をつなぐ』（共著）集英社新書，2013年，ほか。

原田 正樹（はらだ まさき）

日本福祉大学学長。専攻は地域福祉，福祉教育。日本地域福祉学会会長，日本福祉教育・ボランティア学習学会会長などを務める。厚生労働省の地域力強化検討会（座長），地域共生社会推進検討会などに参画。全国生活困窮者自立支援ネットワーク理事，全国社会福祉協議会・ボランティア市民活動振興センター運営委員などを歴任。主著：『地域福祉の学びをデザインする』（共編）有斐閣，2016年，『地域福祉の基盤づくり——推進主体の形成』中央法規出版，2014年，『地域福祉援助をつかむ』（共著）有斐閣，2012年，ほか。

伴走型支援——新しい支援と社会のカタチ
Walking Side by Side with People in Need of Support:
A New Approach to Foster Social Ties

2021 年 8 月 30 日　初版第 1 刷発行
2024 年 8 月 20 日　初版第 7 刷発行

編　者　　奥　田　知　志
　　　　　原　田　正　樹

発行者　　江　草　貞　治

発行所　　株式会社　有　斐　閣
　　　　　〒 101-0051
　　　　　東京都千代田区神田神保町 2-17
　　　　　https://www.yuhikaku.co.jp/

組　版　　株式会社明昌堂
印　刷　　萩原印刷株式会社
製　本　　大口製本印刷株式会社